DEUXIÈME SUPPLÉMENT

AU

CATALOGUE

DE LA

BIBLIOTHÈQUE ADMINISTRATIVE

DE LA PRÉFECTURE & DES ARCHIVES

DE L'OISE

PAR

ERNEST ROUSSE

Archiviste de l'Oise.

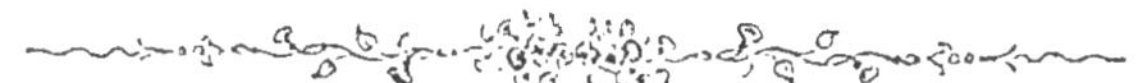

BEAUVAIS

IMPRIMERIE A. SCHMUTZ, 27, RUE SAINT-PANTALÉON
ANCIENNE SOCIÉTÉ « L'INDÉPENDANT »
—
1889

DEUXIÈME SUPPLÉMENT

AU

CATALOGUE

DE LA

BIBLIOTHÈQUE ADMINISTRATIVE

DE LA PRÉFECTURE & DES ARCHIVES

DE L'OISE

PAR

ERNEST ROUSSEL

Archiviste de l'Oise.

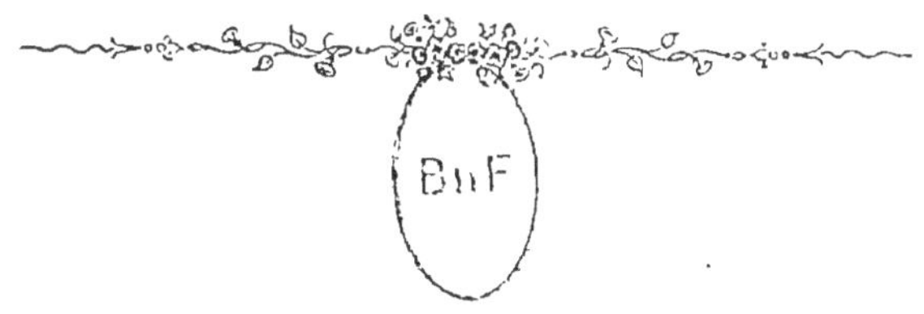

BEAUVAIS

IMPRIMERIE A. SCHMUTZ, 27, RUE SAINT-PANTALÉON

ANCIENNE SOCIÉTÉ « L'INDÉPENDANT »

—

1889

PRÉFACE

Le *Catalogue de la Bibliothèque administrative de la Préfecture et de la Bibliothèque des Archives de l'Oise* a été publié, en 1878, par M. Armand Rendu, archiviste de l'Oise.

M. Coüard-Luys, notre prédécesseur, a rédigé et publié un premier supplément à ce Catalogue, destiné à faire connaître les ouvrages reçus ou acquis de 1878 à 1883.

C'est le même travail que nous faisons paraître aujourd'hui pour la période de 1883 à 1888. Il est presque superflu d'ajouter que nous avons suivi pour ce *deuxième Supplément* le cadre de classement adopté pour le Catalogue et son premier supplément.

Aux matières comprises dans les précédents Catalogues, nous avons ajouté la nomenclature des inventaires sommaires des Archives départementales, communales et hospitalières, antérieures à 1790, qui ne constituent pas le fonds le moins important de la Bibliothèque des Archives de l'Oise.

L'Archiviste de l'Oise,

Ernest **ROUSSEL**.

Beauvais, le 20 octobre 1888.

TABLE DES MATIÈRES

BIBLIOTHÈQUE ADMINISTRATIVE

DE LA

PRÉFECTURE DE L'OISE

---

1. LOIS ET JURISPRUDENCES

4. *Bulletin des Lois.*
    - 12me série. Partie principale. N°s 754 (année 1883) à 1146 (1887). 10 volumes.
    - 12me série. Partie supplémentaire. N°s 1427 (année 1883) à 1957 (1887). 10 volumes.
    - Tables décennales. De 1874 à 1883. 2 volumes. — Cabinet du Chef de la 3e division.
5. *Bulletin des Lois.*
    - 12me série. Partie principale. N°s 754 (année 1883) à 1146 (1887). 10 volumes.
    - Table décennale. De 1874 à 1883. 1 volume. — Cabinet du Chef de la 2e division.
6. *Bulletin des Lois.*
    - 12me série. Partie principale. N°s 754 (année 1883) à 1146 (1887). 10 volumes.
    - Table décennale. De 1874 à 1883. 1 volume. — Cabinet du Secrétaire général.
8. *Bulletin des Lois.*
    - 12me série. Partie principale. N°s 754 (année 1883) à 1146 (1887). 10 volumes.
    - 12me série. Partie supplémentaire. N°s 1427 (année 1883) à 1957 (1887). 10 volumes.
    - Tables décennales. De 1874 à 1883. 2 volumes. — Cabinet du Préfet.
11. *Bulletin annoté des Lois.* Paris. Dupont. 1883-1887 inclus. 5 volumes.
    - Table analytique générale de 1870 à 1886. 1 volume. — Cabinet du Chef de la 1re division.
12. DUVERGIER. — *Lois, décrets et ordonnances, de 1883 à 1887 inclus.* Paris. Larose et Forcel. 5 volumes. — Cabinet du Préfet.

23. DALLOZ. — *Jurisprudence générale de 1883 à 1887 inclus*. Paris. 5 volumes.
— Supplément au Répertoire alphabétique. Tomes I et II. — Cabinet du Préfet.

27. ROCHE et LEBON. — *Recueil des arrêts du Conseil d'Etat, de 1883 à 1887*. Paris. Larose et Forcel. 5 volumes. — Cabinet des Conseillers de Préfecture.

30. *Bulletin officiel du Ministère de l'Intérieur, de 1883 à 1887*. Paris. P. Dupont. 5 volumes. — Cabinet du Préfet.

31. *Idem*. — Cabinet du Chef de 2ᵉ division.

32. *Idem*. — 1ʳᵉ division ; 1ᵉʳ bureau.

32 *(bis). Idem*. — 1ʳᵉ division ; 2ᵉ bureau.

33. *Idem*. — Cabinet du Chef de la 1ʳᵉ division.

754. L. GARNIER et P. DAUVERT. — *Jurisprudence des Conseils de Préfecture*. Paris. Marchal, Billard et Cⁱᵉ. 1883–1887. 5 volumes. — Cabinet des Conseillers de Préfecture.

925. PANHARD et HALLAYS-DABOT. — *Jurisprudence du Conseil d'Etat. 3ᵒ Table générale du Recueil périodique, de 1875 à 1884*. Paris. Larose et Forcel. 1887. 1 volume. — Cabinet du Préfet.

1075. *Idem*. — Cabinet des Conseillers de Préfecture.

1114. FÉLIX LEBON et H. DABOT. — *Table du Recueil périodique des arrêts du Conseil d'Etat, de 1849 à 1858*. Paris. Larose et Forcel. 1887. 1 volume. — Cabinet du Préfet.

1150. W. NOYER. — *Table de Législation*. Blot. Evreux. 1867. Cabinet des Conseillers de Préfecture.

---

2. DROIT CIVIL ET ADMINISTRATIF

35. DEMOLOMBE. — *Code Napoléon*. Paris. A. Lahure. 1882. 2 volumes. — Cabinet du Secrétaire général.

45. *Journal du droit administratif, de 1883 à 1887*. 5 volumes. — Chef de la 1ʳᵉ division.

923. *Revue du contentieux des Travaux publics, du bâtiment et des marchés de fournitures*. Paris. 1883–1887. 4 volumes. — Cabinet des Conseillers de Préfecture.

927. MAURICE BLOCK. — *Dictionnaire de l'Administration française. Supplément général, 1878 à 1884 et supplément annuel, 2ᵉ série, 1885*. Paris. Berger-Levrault. 1885. — Cabinet du Préfet.

967. *Revue générale d'Administration. Ministère de l'Intérieur.* Paris. Berger-
Levrault. 1883-1887. 15 volumes. — Cabinet du Préfet.
970. Léon Béquet et Paul Dupré. — *Répertoire du droit administratif.* Paris.
Paul Dupont. 1884-1887. 4 volumes. — Cabinet du Préfet.
1154. C. Aubry et C. Rau. — *Cours de Droit civil français d'après la méthode
de Zacariæ.* Paris. Marchal Billard et Cie. 1869-1883. 8 volumes. —
Cabinet du Préfet.

---

3. ÉLECTIONS

1185. Guerlin de Guer. — *Manuel électoral. Guide pratique de l'électeur et du
maire.* (5e édition). Paris. Berger-Levrault. 1885. 1 volume.— **Cabinet**
du Préfet.

---

4. STATISTIQUE GÉNÉRALE & POPULATION

69. *Statistique de la France* (Statistique annuelle). Tomes X, XI, XII, XIII et
XIV. 1880-1884. Paris. Imprimerie nationale. 1883-1887. 5 volumes.—
Bibliothèque administrative.
812. Ministère de l'Intérieur. *Mouvement de l'émigration en France. 1878-1881.*
Paris. Imprimerie nationale. 1883. 1 volume. — Bibliothèque admi-
nistrative.

1228. *Statistique de la France. — Mouvement de la population pendant les années 1866-1868.* Paris. Imprimerie nationale. 1872. 1 volume. — Bibliothèque administrative.

1229. *Statistique de la France.— Résultats généraux du dénombrement de 1872.* Paris. Imprimerie nationale. 1873. 1 volume. — Bibliothèque administrative.

1230. Ministère de l'Intérieur. *Dénombrement de la population. (Décret du 31 décembre 1872).* Paris. Imprimerie nationale. 1873. 1 volume. — Bibliothèque administrative.

1231. Ministère de l'Intérieur. *Dénombrement de la population des départements de France et d'Algérie. 1876.* Paris. Imprimerie nationale. 1877. 1 volume. — Bibliothèque administrative.

1232. Ministère de l'Intérieur. *Dénombrement de la population. 1881.* Paris. Imprimerie nationale. 1882. 1 volume. — Bibliothèque administrative.

1233. Ministère de l'Intérieur. *Dénombrement de la population. 1886.* Paris. Imprimerie nationale. 1887. 1 volume. — Bibliothèque administrative.

5. CULTES

825. *La France ecclésiastique.* Almanach du clergé pour 1884. Paris. Plon, Nourrit et Cie. 1 volume. — Bibliothèque administrative.

1234. *Circulaires, instructions et autres actes relatifs aux affaires ecclésiastiques et aux affaires des Cultes non catholiques, 1878-1887.* Paris. Paul Dupont. 1888. 1 volume. — Bibliothèque administrative.

6. INSTRUCTION PUBLIQUE

124. *Bulletin administratif du Ministère de l'Instruction publique*. Paris. Imprimerie nationale. 1883 à 1888 (Nos 552 à 809). 13 volumes. — 2e division ; 1er bureau.

810. Ministère de l'Instruction publique. *Statistique de l'enseignement primaire*. Paris. Imprimerie nationale. 1881-1882. 1 volume. — Bibliothèque administrative.

940. Ministère de l'Instruction publique. *Résumé des états de situation de l'enseignement primaire pour les années scolaires 1882-1883, 1883-1884, 1884-1885, 1885-1886*. Paris. Imprimerie nationale. 1884-1887. 4 volumes. — Bibliothèque administrative.

1100. PICHARD. — *Nouveau Code de l'Instruction primaire*. 10e édition. Paris. Hachette. 1883. 1 volume. — Cabinet du Secrétaire général.

1139. Ministère de l'Instruction publique. *Le Musée pédagogique (15 mai 1884)*. Paris. Imprimerie nationale. 1884. 1 volume. — Bibliothèque administrative.

1190. Chambre des Députés. *Annexes au projet de loi sur les dépenses ordinaires de l'instruction primaire publique et les traitements du personnel de ce service*. Paris. A. Quentin. 1886. 1 volume. — Bibliothèque administrative.

1199. DUPRÉ ET OLLENDORFF. — *Traité de l'Administration des Beaux-Arts*. Paris. Paul Dupont. 1885. 2 volumes. — Bibliothèque administrative.

1213. HENRI SCHMIT. — *L'organisation de l'enseignement primaire*. Paris. Berger-Levrault. 1885. 1 volume. — Cabinet du Préfet.

1214. *Idem*. — Cabinet du Chef de la 2e division.

1235. Ministère de l'Instruction publique et des Beaux-Arts. *Statistique de l'enseignement primaire supérieur, 1884*. Paris. Imprimerie nationale. 1886. 1 volume. — Bibliothèque administrative.

1236. MAGENDIE. — *Code répertoire de la nouvelle législation sur l'instruction primaire*. Paris. Paul Dupont. 1866. 2 volumes. — Bibliothèque administrative.

1237. A. RICHARD et E. BONIFACE. — *De l'étude de la comptabilité dans l'enseignement primaire*. Lille. L. Danel. 1882. 1 volume. — Bibliothèque administrative.

1238. Ministère de l'Instruction publique et des Beaux-Arts. *Décrets et arrêtés délibérés par le Conseil supérieur de l'Instruction publique. Enseignement primaire. 3e fascicule (août 1885), 4e fascicule (février 1887)*. Paris. Imprimerie nationale. 1885 et 1887. 2 volumes. — Bibliothèque administrative.

1239. *Mémoires et documents scolaires publiés par le Musée pédagogique. Fascicule no 5. — Compte rendu du Congrès international d'instituteurs et d'institutrices tenu au Havre du 6 au 10 septembre 1885. Idem no 8. — Instruction spéciale sur l'enseignement du travail manuel dans les écoles normales d'instituteurs et les écoles primaires, élémentaires et supérieures*.

Fascicule n° 15. — Les boursiers de l'enseignement primaire à l'étranger.

Idem n° 16. — Ecole d'enseignement primaire supérieur. — Historique et Législation

Idem n° 17. — L'Instruction publique à l'Exposition universelle de la Nouvelle-Orléans. Rapport par M. B. Buisson.

Idem n° 18. — Le projet de loi sur l'organisation de l'enseignement primaire. (1886).

Idem n° 20. — Règlements organiques de l'enseignement primaire.

Idem n° 21. — Bibliothèques scolaires — Catalogues d'ouvrages de lecture.

Idem n° 27. — Décret déterminant les règles de la création et de l'installation des écoles primaires publiques.

Idem n° 29. — Le certificat d'aptitude pédagogique, par M. Berger, inspecteur général.

Idem n° 30. — Certificat d'études primaires supérieures.

Idem n° 33. — Deux ministres pédagogues M. Guizot et M. Ferry.

Idem n° 34. — L'enseignement de l'agriculture.

Idem n° 36. — Bourses de l'enseignement primaire supérieur.

Idem n° 40. — Décrets, arrêtés, circulaires et décisions ministérielles pour l'application de la loi du 30 octobre 1886 et des règlements organiques du 18 janvier 1887.

Idem n° 41. — Lois et règlements scolaires de l'Algérie.

Idem n° 46. — Ecoles manuelles d'apprentissage et écoles professionnelles.

Idem n° 47. — Textes de compositions des examens et concours de l'enseignement primaire en 1887.

Idem n° 57. — Association des anciens élèves de l'école normale de la Seine.

Idem n° 59. — Conférences et causeries pédagogiques par F. Buisson.

Idem n° 60. — Question du « surmenage ». — Révision des programmes de l'enseignement primaire.

Idem n° 61. — Comptabilité des écoles normales primaires. Guide légal et administratif des économes.

Idem n° 63. — Discours prononcé à l'Académie française, par M. Gréard, le 19 janvier 1888.

Idem n° 65. — Statistique de l'enseignement primaire supérieur au 31 décembre 1887.

Idem n° 67. — Discours sur l'éducation physique, prononcé par M. le docteur Blatin.

Idem n° 71. — Note sur l'instruction publique de 1789 à 1808. Paris. Imprimerie nationale. 1885-1888. 26 volumes. — Bibliothèque administrative.

1240. Ministère de l'Instruction publique et des Beaux-Arts. *Ecoles normales d'instituteurs. Réglementation.* Paris. Imprimerie nationale. 1884. 1 volume. — Bibliothèque administrative.

1241. *Enseignement primaire supérieur. Lois et règlements. Statistique.* Paris. Imprimerie nationale. 1882. 1 volume. Bibliothèque administrative.

1242. Ministère de l'Instruction publique, des Beaux-Arts et des Cultes. *Rapports sur les musées et les écoles d'arts industriels et sur la situation des industries artistiques en Allemagne, Autriche-Hongrie, Italie et Russie, par M. Marius Vachon.* Paris. A. Quentin. 1885. 1 volume. — Bibliothèque administrative.

1243. Ministère de l'Instruction publique et des Beaux-Arts. — *Rapports sur les musées et les écoles d'arts industriels et sur la situation des indus-*

lries artistiques en Belgique et Hollande, par Marius Vachon. Paris. Quentin. 1888. 1 volume. — Bibliothèque administrative.

1244. Ministère de l'Instruction publique. *Rapports d'inspection générale sur le département de la Marne (1881).* Paris. Imprimerie nationale. 1881. 1 volume. — Bibliothèque administrative.

1245. F. TORRÈS. — *Les Réformes de l'enseignement secondaire en 1885.* Compiègne. Mennecier et Cie. 1885. 1 volume. — Bibliothèque administrative.

1246. DÉSIRÉ SÉHÉ. — *Rapports sur le IXe congrès de la fédération des propagateurs de la gymnastique scolaire en Belgique.* Compiègne. Henry Lefebvre. 1886. 1 volume. — Bibliothèque administrative.

1247. *Annuaire de l'association amicale des anciens élèves de l'école centrale des Arts et Manufactures 1832-1887.* Paris. Imprimerie nouvelle. 1888. ⁕1 volume. — Bibliothèque administrative.

1248. *Annuaire des musées cantonaux et des autres institutions cantonales patriotiques d'initiative privée. 1883, 1886-1887.* Caen. H. Delesques. 2 volumes. — Bibliothèque administrative.

1249. F. BUISSON. — *Discours prononcé à l'inauguration des écoles de Fontenay-le-Comte (Vendée).* Paris. Ch. Delagrave. 1887. 1 volume. — Bibliothèque administrative.

1250. *Compte rendu des travaux du cercle parisien de la Ligue française de l'enseignement. Année 1886.* Paris. Chaix. 1887. 1 volume. — Bibliothèque administrative.

1251. *Les inepties et le monopole de quelques livres scolaires officiels, par un délégué cantonal.* Marseille. Librairie marseillaise. 1884. 1 volume. — Bibliothèque administrative.

1252. DUBOIS-HUSSON. — *L'Inspection primaire et académique de l'Oise.* Beauvais. Imprimerie centrale administrative. 1885. 1 volume. — Bibliothèque administrative.

1253. DÉSIRÉ SÉHÉ. — *L'enseignement de la gymnastique.* Compiègne. Henry Lefebvre. 1887. 1 volume. — Bibliothèque administrative.

---

7. SECOURS & RÉCOMPENSES NATIONALES

1439. EUGÈNE OURRY. — *Dictionnaire des pensions inscrites au Trésor public.* Paris. J. Dumaine. 1874. 1 volume. — Bibliothèque administrative.

---

8. ASSISTANCE SOCIALE

145. Ministère de l'Intérieur. *Rapports sur les opérations des sociétés de secours mutuels pendant les années 1875, 1880 et 1881*. Paris. Imprimerie nationale. 1877, 1882 et 1883. 3 volumes. — Bibliothèque administrative.

1223. HIPPOLYTE MAZE. — *Revue des Institutions de prévoyance, 1re année (1887)*. Paris. Berger-Levrault. 1887. 1 volume. — Cabinet du Secrétaire général.

1254. *Rapports à M. le Président de la République sur les Caisses d'épargnes, années 1876 à 1879*. Paris. Imprimerie nationale. 1878-1882. 4 volumes. — Bibliothèque administrative.

1255. LOUIS DURAND. — *Des Sociétés de Secours mutuels rurales*. Lons-le-Saulnier. Henri Damelet. 1862. 1 volume. — Bibliothèque administrative.

1256. NICCOLA ALIANELLI. — *De la Réhabilitation des condamnés*. Paris. Pedone-Laurjel. 1882. 1 volume. — Bibliothèque administrative.

1257. *La Ligue française pour le relèvement de la moralité publique*. Paris. Fischbacher. 1885. 1 volume. — Bibliothèque administrative.

1258. T. TALLOT. — *La réglementation de la prostitution*. Paris. Fischbacher. 1885. 1 volume. — Bibliothèque administrative.

1259. CH. FAUVETY. — *Pour l'abolition de la prostitution réglementée ou non réglementée*. Clermont. A. Daix. 1882. 1 volume. — Bibliothèque administrative.

---

9. BIENFAISANCE

772. *Association générale d'Alsace-Lorraine. Rapport général présenté aux sociétaires, le 8 avril 1883*. Paris. Imprimerie nouvelle. 1883.
Idem, le 30 mars 1884. Nancy. Berger-Levrault. 1884.
Idem, le 29 mars 1885. idem. 1885.
Idem, le 4 avril 1886. idem. 1886.
Idem, le 27 mars 1887. idem. 1887.
Idem, le 25 mars 1888. idem. 1888. 6 volumes. — Bibliothèque administrative.

823. *Société de protection des Alsaciens et Lorrains. Rapports de 1885 et 1886.* Paris. Charles Unsinger. 1885 et 1886. 2 volumes. — Bibliothèque administrative.

992. *Rapport à M. le Préfet de la Seine sur le service des enfants moralement abandonnés, pendant l'année 1883.* Paris. Grandremy et Hénon. 1884. *Idem, pendant l'année 1885.* Montévrain. Imprimerie typographique de l'école d'Alembert. 1886. 2 volumes.— Bibliothèque administrative.

993. *Rapports présentés par le directeur de l'administration générale de l'Assistance publique sur le service des enfants assistés.* Paris. Grandremy et Hénon. 1882 et 1884. Montévrain. Imprimerie typographique de l'école d'Alembert. 1886. 3 volumes. — Bibliothèque administrative.

997. Département du Rhône. *Service des enfants assistés et de la protection des enfants du premier âge. Rapport de l'inspecteur. 1884.* Lyon. Schneider frères. 1885. 1 volume. — Bibliothèque administrative.

1000. Académie de médecine. *Rapports annuels de la Commission permanente de l'hygiène de l'enfance. Années 1883 et 1884.* Paris. G. Masson. 1885. 1 volume. — Bibliothèque administrative.

1047. Bourse. — *Rapports annuels de l'Institut des sourds-muets et des jeunes aveugles de Saint-Médard-lès-Soissons.* Soissons. Lithographie de l'Institution de Saint-Médard. 1885 et 1886. 2 volumes. — Bibliothèque administrative.

1049. *Procès-verbal de la distribution des prix faite aux élèves sages-femmes de l'école d'accouchement de Paris, le 25 juin 1878.* *Idem, le 25 juin 1883.* *Idem, le 25 juin 1884.* Paris. Grandremy et Hénon. 1878, 1883 et 1884. 3 volumes. — Bibliothèque administrative.

1101. A. de Watteville. — *Législation charitable.* Paris. Cotillon. 1863 et 1875. 3 volumes. — Cabinet du préfet.

1135. Ministère de l'Intérieur. *Législation sur les aliénés et les enfants assistés.* Paris. Berger-Levrault. 1870 et 1884. 3 volumes. — Cabinet du Préfet.

1136. *Idem.* — 2ᵐᵉ division ; 2ᵉ bureau.

1140. Département du Pas-de-Calais. *Enfants assistés et protection du premier âge. Rapports de l'Inspecteur départemental, année 1883.* Arras. H. Schouthéer. 1884. 1 volume. — Bibliothèque administrative.

1147. Département du Calvados. — *Comité départemental de protection des enfants du premier âge. Séances des 7 décembre 1883, 21 mars, 26, 28, 29 juillet, 4 octobre 1884 et des 17, 21 avril et 21 juillet 1885.* Caen. Pagny. 1884 et 1885. 2 volumes. — Bibliothèque administrative.

1148. *Enfants assistés et protection du premier âge. Rapports de l'Inspecteur départemental. 1883-1884.* Charleville. F. Dévin et Cⁱᵉ. 1884. 1 volume. — Bibliothèque administrative.

1149. Département de la Marne. *Rapports à M. le Préfet sur l'asile public d'aliénés de Châlons-sur-Marne. 1883.* Châlons-sur-Marne. Martin et Le Roy. 1884. 1 volume. — Bibliothèque administrative.

1152. C. H. de Meyer. — *Les organes de la parole et leur emploi pour la formation des sons du langage.* Paris. Félix Alcan. 1885. 1 volume.— Bibliothèque administrative.

1153. Préfecture de police. *Protection des enfants du premier âge. Rapports annuels, années 1883 et 1884.* Paris. Lefebvre. 1884 et 1885. 2 volumes. — Bibliothèque administrative.

1164. Département du Cher. *Protection des enfants du premier âge. Rapports de l'Inspecteur départemental. 1884 et 1885.* Bourges. H. Sire. 1885 et 1886. 2 volumes. — Bibliothèque administrative.

1165. Département de la Côte-d'Or. *Enfants assistés et protection des enfants du premier âge.* Dijon. F. Carré. 1882. 1 volume. — Bibliothèque administrative.

1170. E. ORY. — *Protection des enfants du premier âge dans le département du Jura pendant l'année 1884. Rapport général de l'Inspecteur départemental.* Lons-le-Saulnier. J. Mayet et Cⁱᵉ. 1885. 1 volumo. — Bibliothèque administrative.

1193. Département du Calvados. *Protection des enfants du premier âge. Rapports de l'Inspecteur départemental. 1886 et 1887.* Caen. Pagny. 1887 et 1888. 2 volumes. — Bibliothèque administrative.

1201. MAURICE BONJEAN. — *Congrès international de la protection de l'enfance. Comptes rendus des travaux.* Tomes I et II. Paris. Pedone-Lauriel. 1885 et 1886. 2 volumes. — Bibliothèque administrative.

1260. *Conseil supérieur de l'Assistance publique.*
Fascicule n° 1. — Constitution du Conseil.
Idem, n° 2. — Direction de l'assistance publique. Inspection générale.
Idem, n° 3. — Rapport de M. Pichon sur le budget de 1888.
Idem, n° 4. — Enfants assistés.
Idem, n° 5. — Enfants protégés.
Idem, n° 6. — Crèches. Sociétés de charité maternelle.
Idem, n° 7. — Bureaux de bienfaisance.
Idem, n° 8. — Etablissements hospitaliers.
Idem, n° 9. — Médecine gratuite.
Idem, n° 10. — Etablissements nationaux de bienfaisance.
Idem, n° 11. — Aliénés.
Idem, n° 12. — Dépôts de mendicité.
Idem, n° 13. — Monts-de-Piété.
Idem, n° 14. — Etablissements libres.
Idem, n° 15. — Syndicats de communes.
Idem, n° 16. — Séance d'ouverture le 13 juin 1888.
Paris. Imprimerie nouvelle. 1 volume. — Bibliothèque administrative.

1261. Département de l'Allier. *Enfants assistés et protection des enfants du premier âge. Rapport de l'Inspecteur départemental. 1886.* Moulins. Fudez frères. 1887. 1 volume. — Bibliothèque administrative.

1262. A. BLANCHET. — *Moyens de généraliser l'éducation des sourds-muets et des aveugles sans les séparer de la famille.* Paris. Labe. 1858. 1 volume. — Bibliothèque administrative.

1263. BOURSE. — *Discours prononcé à la distribution des prix de l'Institution des sourds-muets et aveugles de Saint-Médard-lès-Soissons. 1886.* Soissons. Imprimerie de l'Institution de Saint-Médard. 1886. 1 volume. — Bibliothèque administrative.

1264. THÉOPHILE DENIS. *Les Conseils généraux et les institutions de sourds-muets.* Paris. Berger-Levrault. 1887. 1 volume. — Bibliothèque administrative.

1265. *Société de protection des apprentis et enfants employés dans les manufactures. 7ᵐᵉ fête de l'enfance ouvrière. Liste des récompenses. 1884.* Paris. Chaix. 1884. 1 volume. — Bibliothèque administrative.

1266. Département du Calvados. *Protection de l'enfance. Distribution solennelle des récompenses. 1885.* Caen. F. Le Blanc-Hardel. 1885. 1 volume. — Bibliothèque administrative.

1267. Département du Morbihan. *Rapport sur la protection du premier âge par l'Inspecteur départemental. 1882.* Vannes. F. Grébus. 1883. 1 volume. — Bibliothèque administrative.

10. MÉDECINE

183. Académie de médecine. *Rapports sur les vaccinations pratiquées en France pendant les années 1823, 1873, 1876, 1877, 1878, 1879, 1880, 1881, 1882, 1884, 1885 et 1886*. Paris. Imprimerie royale. 1824. Imprimerie nationale 1876, 1878, 1880, 1882, 1883, 1884, 1886, 1887 et 1888. 12 volumes. — Bibliothèque administrative.

1050. *Rapports sur le service départemental de l'assistance médicale et de la vaccine de Meurthe-et-Moselle, par M. le docteur Simonin pour les exercices 1879 et 1882 et par M. le docteur Poincaré pour les exercices 1883, 1884 et 1885*. Nancy. Berger-Levrault. 1880, 1883, 1884, 1885 et 1886. 5 volumes. — Bibliothèque administrative.

1052. *Société française de tempérance. Association contre l'abus des boissons alcooliques. Liste des récompenses décernées dans la séance solennelle du 22 mai 1887*. Paris. Imprimerie de la Société de typographie. 1887. 1 volume. — Bibliothèque administrative.

1160. *Ville de Toulon. Epidémie cholérique de 1884. Procès-verbaux et rapports de la Commission de répartition des secours aux victimes de l'épidémie*. Toulon. A. Isnard et Cie. 1885. 1 volume. — Bibliothèque administrative.

1215. Ministère du Commerce et de l'Industrie. *Relevé statistique par départements du nombre des médecins, pharmaciens, sages-femmes et herboristes exerçant en France et en Algérie, au 31 mai 1886*. Paris. Imprimerie nationale. 1887. 1 volume. — Bibliothèque administrative.

1216. Ministère du Commerce et de l'Industrie. *Relevé statistique du nombre des décès occasionnés par les maladies épidémiques dans les principales villes de France pendant l'année 1886*. Paris. Imprimerie nationale. 1887. 1 volume. — Bibliothèque administrative.

1268. Ministère du Commerce. *Statistique du personnel médical de la France. 1er octobre 1883*. 1 volume. — Bibliothèque administrative.

1269. *Rapports sur l'épidémie de choléra qui a régné en 1884 dans le département des Bouches-du-Rhône*. Marseille. J. Cayer. 1885. 2 volumes. — Bibliothèque administrative.

1270. *Rapports généraux sur les épidémies pendant les années 1870 à 1881 et 1883*. Paris. G. Masson. 1875, 1876, 1878, 1879, 1881, 1882, 1883 et 1885. 11 volumes. — Bibliothèque administrative.

1271. *Comptes rendus des travaux du Conseil d'hygiène du Morbihan en 1878 et 1882*. Vannes. Galles. 1879 et 1883. 2 volumes. — Bibliothèque administrative.

1272. Département du Doubs. *Epidémie de fièvre typhoïde à Montbéliard. 1879*. Besançon. Veuve Valluet et fils. 1 volume. — Bibliothèque administrative.

1273. Ministère du Commerce. *Instruction concernant les précautions à prendre en temps de choléra*. Paris. Imprimerie nationale. 1884. 1 volume. — Bibliothèque administrative.

1274. Département de Seine-et-Marne. *Compte rendu des travaux des conseils d'hygiène, pendant l'année 1884.* Melun. Michelin. 1 volume. — Bibliothèque administrative.

1275. *Quatrième congrès international d'hygiène et de démographie à Genève. 1882.* Genève. Charles Schuchardt. 1882. 1 volume. — Bibliothèque administrative.

1276. Département de la Seine-Inférieure. *Rapport sur le service sanitaire et des épizooties. 1886.* Rouen. Cagniard. 1887. 1 volume. — Bibliothèque administrative.

1277. *Bulletin de la Société médicale homœopathique de France, année 1883.* Paris. J.-B. Baillière et fils. 1883. 1 volume. — Bibliothèque administrative.

11. JUSTICE

221. *Journal des Commissaires de police.* Paris. Bureau du journal. 1883 à 1887 inclus. 5 volumes. — Cabinet du Chef de la 1re division.

1104. FAUSTIN HÉLIE. — *Traité de l'instruction criminelle ou Théorie du code d'instruction criminelle.* Paris. Henri Plon. 8 volumes. — Cabinet du Préfet.

1110. GRÜN. — *Traité de la police administrative.* Paris. Berger-Levrault. 1862. 1 volume. — Cabinet du Préfet.

1141. AD. GIRAUDEAU, J. M. LELIÈVRE ET G. SOUDÉE. — *La Chasse.* Paris. Larose et Forcel. 1882. 1 volume. — Cabinet du Préfet.

1162. *Idem.* — Cabinet du Chef de la 1re division.

1174. F. A. PUTON. — *La louveterie et la destruction des animaux nuisibles.* Paris. Auguste Goin. 1 volume. — 1re division ; 1er bureau.

1278. Cour d'appel d'Amiens. *Audiences solennelles de rentrée des 16 octobre 1885 et 17 octobre 1887.* Amiens. Douillet et Cie. 1885 et 1887. 2 volumes. — Bibliothèque administrative.

12. SYSTÈME PÉNITENTIAIRE

225. Ministère de l'Intérieur. *Code des prisons. Tome V, 1re et 2e parties.
    Tomes VI, 1re partie.* Paris. Paul Dupont. 1872, 1874 et 1875. 3 volumes.
    — Bibliothèque administrative.
234. Ministère de l'Intérieur. *Statistiques des prisons et établissements péni-
    tentiaires, pour les années 1880 et 1881.* Paris. Paul Dupont. 1883 et
    1884. 2 volumes. — Bibliothèque administrative.
860. *Bulletin de la Société générale des prisons. 1883 et 1884.* Paris. Chaix.
    2 volumes. — 1re division; 1er bureau.
1163. *Application du régime d'emprisonnement individuel en France.* Paris.
    Imprimerie du Journal officiel. 1885. 1 volume. — Bibliothèque admi-
    nistrative.
1279. *Colonie agricole de Mettray.* Tours. Alfred Mame et fils. 1888. 1 volume.
    — Bibliothèque administrative.

13. TRAVAUX PUBLICS

263. Ministère des Travaux publics. *Statistiques de l'industrie minérale et des
    appareils à vapeur en France et en Algérie pour les années 1882,
    1883, 1884 et 1886.* Paris. Imprimerie nationale. 1883, 1884, 1885 et
    1888. 4 volumes. — Bibliothèque administrative.
270. Ministère des Travaux publics. *Répertoire méthodique de la législation
    des chemins de fer français, août 1879 – août 1882.* Paris. Impri-
    merie nationale. 1883. 1 volume. — Bibliothèque administrative.
271. Ministère des Travaux publics. *Chemins de fer français. Situation au
    31 décembre des années 1882 à 1886.* Paris. Imprimerie nationale.
    1883 à 1887. 5 volumes. — Bibliothèque administrative.
302. Ministère de l'Intérieur. *Service vicinal. Compte rendu général des
    opérations effectuées en 1881 et 1882.* Paris. Imprimerie nationale.
    1885 et 1887. 2 volumes. — Bibliothèque administrative.
1006. Ministère des Travaux publics. *Chemins de fer français. Documents
    statistiques, années 1874, 1875, 1881, 1882, 1883, 1884 et 1885.* Paris.
    Imprimerie nationale. 1882 à 1888. 11 volumes. — Bibliothèque admi-
    nistrative.

1008. *Chemins de fer de l'État. Comptes d'administration. Exercices 1883 à 1886.* Paris. Imprimerie nationale. 1884 à 1887. 4 volumes. — Bibliothèque administrative.

1011. *Compagnie du chemin de fer du Nord. Rapports présentés par le Conseil d'administration.* Lille. L. Danel. 1874, 1877 et 1883 à 1888. 8 volumes. — Bibliothèque administrative.

1107. Ministère des Travaux publics. *Albums de statistiques graphiques. 1879 et 1883 à 1886.* Paris. Imprimerie nationale. 1879 et 1884 à 1887. 5 volumes. — Bibliothèque administrative.

1143. Ministère des Travaux publics. *Statistique de la navigation intérieure, année 1887.* Paris. Imprimerie nationale. 1888. 1 volume. — Bibliothèque administrative.

1144. *Commission météorologique du département de Vaucluse. Comptes rendus, années 1883 et 1885.* Avignon. Séguin frères. 2 volumes. — Bibliothèque administrative.

1173. Emile Delecroix. — *Revue de la législation des Mines. 1884 à 1887.* Paris. Chevalier-Maresq. 4 volumes. — Cabinet du Secrétaire général.

1176. Eug. Guillaume. — *Traité pratique de la voirie urbaine.* Paris. Paul Dupont. 1882. 1 volume. — Cabinet du Chef de la 3e division.

1177. Ferdinand Técheney. — *Le guide du voyageur en chemin de fer.* Bordeaux. Gounouilhou. 1885. 1 volume. — Cabinet du Préfet.

1178. *Idem.* — Cabinet du Secrétaire général.

1179. *Idem.* — Cabinet des Conseillers de Préfecture.

1180. *Idem.*

1181. *Idem.* — Bibliothèque administrative.

1182. E. Perriquet. — *Traité théorique et pratique des travaux publics.* Paris. Marchal-Billard et Cie. 1883. 2 volumes. — Cabinet du Secrétaire général.

1187. Ministère des Travaux publics. *Bassin de la Seine. Règlements et instructions concernant l'annonce des crues et l'étude du régime des rivières.* Paris. Imprimerie nationale. 1885. 1 volume. — Bibliothèque administrative.

1188. *Bulletin du Ministère des Travaux publics. Statistique et législation comparée, années 1885 à 1888.* Paris. Imprimerie nationale. 7 volumes. — Bibliothèque administrative.

1192. *Notice historique sur le service des travaux et sur le Conseil général des bâtiments civils depuis la création de ces services en l'an IV (1795) jusqu'en 1886.* Paris. Imprimerie nationale. 1886. 1 volume. — Bibliothèque administrative.

1195. Ministère des Travaux publics. *Commission chargée d'étudier les mesures à prendre pour assurer aux voyageurs en chemin de fer de nouvelles garanties de protection et de sécurité.* Paris. Imprimerie nationale. 1886. 1 volume. — Bibliothèque administrative.

1198. E. Perriquet. — *Traité théorique et pratique des travaux publics.* Paris. Marchal, Billard et Cie. 1883. 2 volumes. — Cabinet du Préfet.

1280. Ministère des Travaux publics. *Répertoire méthodique de la jurisprudence et de la législation des tramways français, 1883.* Paris. Imprimerie nationale. 1883. 1 volume. — Bibliothèque administrative.

1281. *Compagnie anonyme des Chemins de fer de Picardie et Flandres. Rapports.* Paris. A. Chaix et Cie. 1875, 1876 et 1877. 3 volumes. — Bibliothèque administrative.

1282. *Compagnie du chemin de fer d'Orléans à Rouen. Rapports du Conseil d'administration.* Paris. A. Chaix et Cie. 1873 et 1876. 2 volumes. — Bibliothèque administrative.

1283. *Communication relative à la question des chemins de fer*. Paris. E. Capiomont et V. Renault. 1880. 1 volume. — Bibliothèque administrative.

1284. ALFRED FALIÈS. — *Les Chemins de fer à faible trafic*. Le Mans. E. Champion. 1875. 1 volume. — Bibliothèque administrative.

1285. A. L. VÉRITÉ. — *Mémoire sur l'insuffisance et l'inefficacité des signaux employés pour éviter les accidents de chemins de fer*. Beauvais. D. Pere. 1882. 1 volume. — Bibliothèque administrative.

1286. A. ROUSSEAU. *Considérations économiques sur les tarifs de chemins de fer*. Paris. Guillaumin et Cie. 1888. 1 volume. — Bibliothèque administrative.

1287 *Compagnie générale du Nord. Canal maritime de Paris à Boulogne-sur-Mer*. Paris. Mouillot. 1 volume. — Bibliothèque administrative.

1288. H. HERSENT. — *Pont sur la Manche. Avant-projet démonstratif*. 1 volume. — Bibliothèque administrative.

1289. VÉRARD DE SAINTE-ANNE. — *Le Pont sur la Manche et le Saint-Gothard*. Paris. Mouillot. 1 volume. — Bibliothèque administrative.

1290. BOUQUET DE LA GRYE. — *Rapport sommaire sur le projet d'un canal maritime entre Paris et la mer*. Paris. Ch. Dunod, 1887. 1 volume. — Bibliothèque administrative.

1291. Dr GACHASSIN-LAFITE. — *Tunnel de la Manche. Difficultés d'aération*. Paris. Auguste Ghio. 1881. 1 volume. — Bibliothèque administrative.

1292. E. BARAS. — *Canaux et Chemins de fer*. Paris. Dentu et Cie. 1887. 1 volume. — Bibliothèque administrative.

1293. HENRY HAGUET. — *La vérité sur les tarifs internationaux de chemins de fer*. Corbeil. B. Renaudet. 1886. 1 volume. — Bibliothèque administrative.

1294. *Ponts portatifs, système G. Eiffel*. Paris. Paul Dupont. 2 volumes. — Bibliothèque administrative.

1295. CHARLES DE FREYCINET. — *Rapport supplémentaire sur l'assainissement industriel et municipal en France et à l'Etranger*. Paris. Dunod. 1868. 1 volume. — Bibliothèque administrative.

1296. *Chemin de fer du Nord. Règlement pour la circulation sur la voie unique. 1869*. Lille. L. Danel. 1869. 1 volume. — Bibliothèque administrative.

1297. *Chemin de fer du Nord. Règlement pour la surveillance de la voie. 1871*. Lille. L. Danel. 1871. 1 volume. — Bibliothèque administrative.

1298. *Chemin de fer du Nord. Règlement général pour les conducteurs de trains*. Lille. L. Danel. 1872. 1 volume. — Bibliothèque administrative.

14. AGRICULTURE

358. Ministère de l'Agriculture. *Statistique agricole de la France. Résultats généraux de l'enquête décennale de 1882*. Nancy. Berger-Levrault. 1887. 2 volumes. — Bibliothèque administrative.

829. Ministère de l'Agriculture et du Commerce. *Annuaire statistique de la France*. Paris. Imprimerie nationale. 1884 à 1887. 4 volumes. — Bibliothèque administrative.

1020. *Société des Agriculteurs de France. Liste générale des membres et des associations affiliées*. Paris. 1883, 1885 et 1887. 3 volumes. — Bibliothèque administrative.

1021. Ministère de l'Agriculture. *Bulletin. Documents officiels, années 1883 (n°s 6, 7 et 8) et 1884 à 1887*. Paris. Imprimerie nationale. 4 volumes. — Bibliothèque administrative.

1112. *Annuaires du Ministère de l'Agriculture, pour les années 1882, 1886, 1887 et 1888*. Paris. Imprimerie nationale. 1882, 1886, 1887. et 1888. 4 volumes. — Bibliothèque administrative.

1115. Ministère de l'Agriculture. *Comptes rendus des travaux du service du Phylloxera, années 1878 et 1883 à 1887*. Paris. Imprimerie nationale. 1879 et 1884 à 1888. 6 volumes. — Bibliothèque administrative.

1137. Ministère de l'Agriculture. *Tableaux des récoltes de la France en 1882 et 1884*. Paris. Imprimerie nationale. 1883 et 1885. 2 volumes. — Bibliothèque administrative.

1137 bis. Ministère de l'Agriculture. *Comptes généraux du matériel pour les années 1879 à 1882*. Paris. Imprimerie nationale. 1884, 1885, 1886 et 1888. 4 volumes. — Bibliothèque administrative.

1146. J. A. BARRAL. — *L'agriculture, les prairies et les irrigations de la Haute-Vienne*. Paris. Imprimerie nationale. 1884. 1 volume. — Bibliothèque administrative.

1155. BOURSIER ET SAINT-ANDRÉ. — *Recherches culturales faites à Chevrières (Oise), en 1883. Influence de la potasse sur la pomme de terre*. Compiègne. A. Mennecier et Cie. 1885. — Bibliothèque administrative.

1156. SAINT-ANDRÉ. — *Recherches culturales faites au muséum d'Histoire naturelle en 1877. Influence du poids des semences de pommes de terre sur la multiplication des tubercules*. Beauvais. Imprimerie de l'Indépendant de l'Oise. 1885. 1 volume. — Bibliothèque administrative.

1157. SAINT-ANDRÉ. — *Exemple de compromis entre cultivateur et fabricant de sucre*. — Compiègne. A. Mennecier et Cie. 1 volume. — Bibliothèque administrative.

1158. Ministère de l'Agriculture. *Concours agricole régional de Saint-Omer du 7 au 15 juin 1884*. Paris. Imprimerie nationale. 1884. 1 volume. — Bibliothèque administrative.

1159. Ministère de l'Agriculture. *Concours régional agricole de Saint-Omer du 7 au 16 juin 1884. Liste des prix décernés*. Saint-Omer. Fleury-Lemaire. 1884. 1 volume. — Bibliothèque administrative.

1167. Ministère de l'Agriculture. *Bulletin. Direction de l'hydraulique agricole, fascicules C, D, E, F, G, H (texte), H (planches), I, J*. Paris. Imprimerie nationale. 1885, 1886, 1887 et 1888. 9 volumes.
— *Tables générales des matières contenues dans les fascicules A, B, C, D, E, F*. 1886. 1 volume. — Bibliothèque administrative.

1168. *Les droits de douane sur les céréales étrangères. Féculerie et distillerie agricoles*. Compiègne. A. Mennecier et Cie. 1885. 1 volume. — Bibliothèque administrative.

1169. *Concours hippique du Nord pour chevaux de service français. (Catalogue)*. Lille. L. Danel. 1885. 1 volume. — Bibliothèque administrative.

1222. H. DAUDIN. — *Le nouveau théâtre d'agriculture*. Paris. Victor Masson et fils. 1864. 1 volume. — Bibliothèque administrative.

1299. *Une loi nécessaire. Agriculture, ses revendications à l'endroit des moulins*. Toulouse. Gimet. 1886. 1 volume. — Bibliothèque administrative.

1300. LÉON MAUDUIT. — *La crise de l'agriculture et des moyens de l'atténuer*. Paris. J. Michelet. 1885. 1 volume. — Bibliothèque administrative.

1301. Département du Rhône. *Comité d'études et de vigilance pour la destruc- du phylloxera. Rapport à M. le Ministre de l'Agriculture*. Lyon. A. Waltener et Cie. 1888. 1 volume. — Bibliothèque administrative.

1302. *Conseil général de l'Aisne. Enquête agricole. Rapport et délibération, 23 avril 1884*. Laon. Cortilliot. 1884. 1 volume. — Bibliothèque administrative.

1303. *Réponse au rapport de M. Risler sur la situation de l'agriculture dans le département de l'Aisne*. Laon. A. Cortilliot. 1885. 1 volume. — Bibliothèque administrative.

1304. RAOUL DUVAL. *Les droits sur les céréales*. Paris. Guillaumin et Cie. 1885. 1 volume. — Bibliothèque administrative.

1305. P. MARGUERITE-DELACHARLONNY. — *Désinfection et utilisation agricole du sang des animaux*. Paris. Imprimerie de l'École centrale. 1882. 1 volume. — Bibliothèque administrative.

1306. PIERRE PETIT. — *Une excursion en Mayenne*. Compiègne. A. Mennecier et Cie. 1886. 1 volume. — Bibliothèque administrative.

1307. Comte DE LUÇAY. — *La crise agricole*. Paris. Société anonyme des publications conservatrices. 1884. 1 volume. — Bibliothèque administrative.

1308. C. G. BASTIEN. — *Traité de lever de plans, d'arpentage, de nivellement, de drainage et d'irrigation à l'aide de la planchette-boussole Bastien*. Epinal. S. Klein. 1887. 1 volume. — Bibliothèque administrative.

1309. Régence de Tunis. *Ville de Tunis. Concours agricole et hippique. (Catalogue.)* Tunis. B. Borrel. 1888. 1 volume. — Bibliothèque administrative.

1310. *Conseil général de l'Aisne. Régime des sucres. Rapports et délibérations. Séances des 1 mai 1886 et 20 avril 1887*. Laon. A. Cortilliot. 1886 et 1887. 2 volumes. — Bibliothèque administrative.

1311. GEORGES DUREAU. — *Culture de la betterave à sucre*. Paris. 1883. 1 volume. — Bibliothèque administrative.

1312. JULES LAFFINEUR. — *Guide pratique de l'ingénieur agricole hydraulique*. Paris. Lacroix. 1874. 1 volume. — Bibliothèque administrative.

1313. JULES LAFFINEUR. — *Guide pratique d'hydraulique urbaine et agricole*. Paris. Lacroix. 1865. 1 volume. — Bibliothèque administrative.

1314. JULES LAFFINEUR. — *Hydraulique et hydraulogie souterraine et superficielle*. Paris. Lacroix. 1882. 1 volume. — Bibliothèque administrative.

1315. BAZIN. — *Horticulture, arboriculture, floriculture et culture potagère*. Clermont. Daix frères. 1885. 1 volume. — Bibliothèque administrative.

15, INDUSTRIE

1113. Ministère de l'Instruction publique et des Beaux-Arts. *Commission d'enquête sur la situation des ouvriers et des industries d'art.* Paris. A. Quantin. 1884. 1 volume. — Bibliothèque administrative.

1317. Préfecture de Police. *Commission départementale supérieure du travail des enfants et des filles mineures employés dans l'industrie. Rapports.* Paris. Chaix. 1882, 1884, 1885 et 1887. 4 volumes. Paris. Imprimerie nationale. 1887. 1 volume. — Bibliothèque administrative.

1318. Ch. Mazeau. — *Mémoire sur la liberté de l'éclairage au gaz.* Paris. Imprimerie de l'Étoile. 1882. 1 volume. — Bibliothèque administrative.

1319. *Congrès sucrier d'Amiens. Compte rendu sténographique des séances tenues les 9 et 10 mai 1883.* Paris. P. Dubreuil. 1883. 1 volume. — Bibliothèque administrative.

1320. *Annuaire de l'association amicale des anciens élèves de l'École centrale des arts et manufactures.* Paris. Imprimerie nouvelle. 1879. 1 volume. — Bibliothèque administrative.

1321. *Ville de Lille. Exposition internationale d'art industriel.* Lille. L. Danel. 1881. 1 volume. — Bibliothèque administrative.

1322. Louis Cellière. — *Traité élémentaire de peinture en céramique.* Beauvais. Pere. 1882. 1 volume. — Bibliothèque administrative.

1323. Louis Bouquet. — *Le travail des enfants et des filles mineures dans l'industrie.* Paris. Berger-Levrault et Cⁱᵉ. 1885. 1 volume. — Bibliothèque administrative.

16, COMMERCE

381. *Brevets d'invention.*
   — 2ᵐᵉ série. Tomes 107 à 116. Paris. Imprimerie nationale. 1883-1884. 10 volumes. — Bibliothèque administrative.
   — Nouvelle série. Tomes 26 à 51. Paris. Imprimerie nationale. 1883-1888. 51 volumes. — Bibliothèque administrative.

382. *Catalogue des brevets d'invention. Année 1883.* Paris. Bouchard-Huzard. 1884. 1 volume. — Bibliothèque administrative.

402. Ministère du Commerce. *Annales du commerce extérieur. 1883 à 1887.* Paris. Imprimerie nationale. 1883 à 1887. 5 volumes. — Bibliothèque administrative.

410. Ministère de l'Agriculture et du Commerce. *Compte général du matériel pour l'année 1874.* Paris. Imprimerie nationale. 1877.
Idem, pour 1881. Imprimerie nationale. 1884.
Idem, pour 1882.   Idem.   1884.
Idem, pour 1883.   Idem.   1885. 4 volumes. — Bibliothèque administrative.

929. Ministère de l'Agriculture et du Commerce. *Exposition universelle internationale de 1878 à Paris. Rapports du jury international.* Groupe I, classe 3. *Rapport sur la sculpture,* par M. A. Chapu. Paris. Imprimerie nationale. 1884. 1 volume. — Bibliothèque administrative.

932. *Idem.* — Groupe IV. Classe 34. *Les Soies,* par M. Natalis Rondot. Paris. Imprimerie nationale. 1885. 1 volume. — Bibliothèque administrative.

934. *Idem.* — Groupe VI, classes 52 et 53.
— *Le matériel et les procédés des usines agricoles et des industries alimentaires,* par MM. Cogniet et E. Avisse.
— *Le matériel des arts chimiques, de la pharmacie et de la tannerie,* par MM. Limousin, Félix Le Blanc et Schmitz. Paris. Imprimerie nationale. 1883. 2 volumes. — Bibliothèque administrative.

935. *Idem.* — Groupe VII, classe 74. *Les condiments, les stimulants, les sucres et les produits de la confiserie.* Paris. Imprimerie nationale. 1884. 1 volume. — Bibliothèque administrative.

954. *Annuaire du Ministère du Commerce pour l'année 1885.* Paris. Imprimerie nationale. 1885. 1 volume. — Bibliothèque administrative.

1175. Ministère du Commerce et de l'Industrie. *Rapports des ouvriers délégués à l'Exposition internationale d'Anvers, en 1885.* Tomes I et II. Paris. Imprimerie nationale. 1886. 2 volumes. — Bibliothèque administrative.

1316. Ministère du Commerce et de l'Industrie. *Rapport sur l'Exposition coloniale et internationale d'Amsterdam, en 1883.* Paris. Imprimerie nouvelle. 1886. 1 volume. — Bibliothèque administrative.

1324. Ministère du Commerce. *Délégation nationale ouvrière de France à l'Exposition universelle internationale d'Amsterdam, en 1883. Rapport d'ensemble.* Paris. Imprimerie nouvelle. 1885. 2 volumes. — Bibliothèque administrative.

1325. *Tarif international franco-belge, fascicules II et III, 1er février 1883.* Lille. L. Danel. 1882. 2 volumes. — Bibliothèque administrative.

1326. *Tarif international Franco-Belge-Néerlandais, fascicules I, II et III, septembre 1883.* Lille. L. Danel. 1883. 3 volumes. — Bibliothèque administrative.

1327. Eugène Léautey. — *L'enseignement commercial et les écoles de commerce en France et dans le monde entier.* Paris. Librairie comptable et administrative. 1 volume. — Bibliothèque administrative.

1328. Ministère du Commerce. *Rapport sur le système Berlier pour la réception et l'élimination des matières de vidange.* Paris. Imprimerie nationale. 1883. 1 volume. — Bibliothèque administrative.

1329. *Augmentation de la richesse publique par l'impôt sur la Betterave.* Lille. Imprimerie du Petit Nord. 1884. 1 vol. — Bibliothèque administrative.

1330. *Questions des sucres. Réunion tenue à Paris le 21 mai 1881.* Paris, 10, rue de Louvois. 1 volume. — Bibliothèque administrative.

1331. J.-B. Mariage. — *Le travail national et la surtaxe sur les sucres étrangers.* Paris. 10, rue de Louvois. 1886. 1 volume. — Bibliothèque administrative.

1332. A. Mazuriez. — *La surtaxe sur les sucres étrangers devant le Parlement.* Paris. P. Dubreuil. 1885. 1 volume. — Bibliothèque administrative.

1333. René Monnerod. — *Question des sucres. Note sur la surtaxe.* Paris. 10, rue de Louvois. 1886. 1 volume. — Bibliothèque administrative.

1334. *Conseil général de l'Aisne. Droits de douane. Rapport et délibération. 5 mai 1886.* Laon. A. Cortilliot. 1886. 1 volume. — Bibliothèque administrative.

1335. *Réunion agricole et sucrière tenue à Péronne le 13 mai 1884.* Péronne. Créty, 1 volume. — Bibliothèque administrative.

1336. *Exposition universelle d'Anvers. 1885. Notice sur les ouvrages exposés par L. Le Brun, constructeur à Creil.* Creil. Imprimerie industrielle. 1885. 1 volume. — Bibliothèque administrative.

1337. *Bulletin officiel de la propriété industrielle et commerciale. 1re année.* Tomes I et II. (Nos 1 à 48.)
Idem. 2me année. Tomes I et II. (Nos 49 à 101.)
Idem. 3me année. Tome I. (Nos 102 à 126.)
Idem. 4me année. Tome VI. (Nos 127 à 157.)
Idem. 5me année. Tome VII. (Nos 158 à 208.) Paris. Imprimerie de l'Art. 7 volumes. — Bibliothèque administrative.

17. ÉCONOMIE POLITIQUE

(NÉANT)

18. ADMINISTRATION GÉNÉRALE INTÉRIEURE

436. *Almanach national pour 1884, 1885-1886 et 1887-1888.* Paris. Berger-Levrault et Cie. 1884, 1886 et 1888. 3 volumes. — Cabinet du Préfet.

439. Ministère de l'Intérieur. *Comptes rendus par les Ministres pour les exercices 1881.* Imprimerie nationale. 1884. 1 volume.
1882.   —   1884. 2   —
1883.   —   1885. 1   —
1884.   —   1886. 1   —
1885.   —   1887. 1   —
— Bibliothèque administrative.

1024. Ministère de l'Intérieur. *État du personnel et organisation des bureaux du Ministère de l'Intérieur en 1884.* Paris. Paul Dupont. 1884. 1 volume. — Bibliothèque administrative.

1102. *Almanach national pour 1883.* Paris. Berger-Levrault et Cie. 1883. 1 volume. — Cabinet des Conseillers de Préfecture.

1338. *Le Cérémonial officiel.* Paris. Paul Dupont. 1865. 1 volume. — Bibliothèque administrative.

---

19. ADMINISTRATION DÉPARTEMENTALE

455. *Procès-verbaux des Conseils généraux des départements :*
Ain : 1883, 1884, 1885, 1886, 1887.
Aisne : 1883, 1884, 1885, 1886, 1887.
Alger : 1883, 1885.
Allier : 1883, 1884, 1885, 1886, 1887.
Alpes (Basses-) : 1883, 1884, 1885, 1886, 1887.
Alpes (Hautes-) : 1883, 1884, 1885, 1886, 1887.
Ardèche : 1883, 1884, 1885, 1886, 1887.
Ariège : 1883, 1884, 1885, 1886, 1887.
Aveyron : 1883, 1884, 1885, 1886, 1887.
Bouches-du-Rhône : 1884, 1887.
Calvados : 1883, 1884, 1885, 1886, 1887.
Cantal : 1883, 1884, 1885, 1886, 1887.
Charente : 1885.
Charente-Inférieure : 1883, 1884, 1885, 1886, 1887.
Cher : 1883, 1884, 1885, 1886, 1887.
Constantine : 1883, 1884, 1885, 1886, 1887.
Corrèze : 1883, 1884, 1885, 1887.
Corse : 1884, 1886, 1887.
Côte-d'Or : 1883, 1884, 1885, 1886, 1887.
Côtes-du-Nord : 1883, 1884, 1885, 1886, 1887.
Creuse : 1883, 1884, 1885, 1886, 1887.
Dordogne : 1883, 1884, 1885, 1886, 1887.
Doubs : 1883, 1884, 1885, 1886, 1887.
Drôme : 1883, 1884, 1885, 1886, 1887.
Eure : 1883, 1884, 1885, 1886, 1887.
Eure-et-Loir : 1883, 1884, 1885, 1886, 1887.
Finistère : 1883, 1884, 1885, 1886, 1887.
Gard : 1883, 1884, 1885, 1886, 1887.
Gers : 1883, 1884, 1885, 1886, 1887.
Gironde : 1883, 1884, 1885, 1886, 1887.
Hérault : 1883, 1884, 1885, 1886, 1887.

Ille-et-Vilaine : 1883, 1884, 1885, 1886, 1887.
Indre : 1883, 1884, 1885, 1886, 1887.
Indre-et-Loire : 1883, 1884, 1885, 1886, 1887.
Isère : 1883, 1884, 1885, 1886, 1887.
Jura : 1883, 1884, 1885, 1886, 1887.
Landes : 1883, 1884, 1885, 1886, 1887.
Loir-et-Cher : 1883, 1884, 1885, 1886, 1887.
Loire : 1883, 1884, 1885, 1886, 1887.
Loire (Haute-) : 1883, 1884, 1885, 1886, 1887.
Loire-Inférieure : 1883, 1884, 1885, 1886, 1887.
Loiret : 1883, 1884, 1885, 1886, 1887.
Lot : 1883, 1884, 1885, 1886, 1887.
Lot-et-Garonne : 1883, 1884, 1885, 1886, 1887.
Lozère : 1883, 1884, 1885, 1886, 1887.
Maine-et-Loire : 1883, 1884, 1885, 1886, 1887.
Manche : 1884, 1885, 1886, 1887.
Marne : 1883, 1884, 1885, 1886, 1887.
Marne (Haute-) : 1883, 1884, 1885, 1886, 1887.
Mayenne : 1883, 1884, 1885, 1886, 1887.
Meurthe-et-Moselle : 1883, 1884, 1885, 1886, 1887.
Meuse : 1883, 1884, 1885, 1886, 1887.
Morbihan : 1883, 1884, 1885, 1886, 1887.
Nièvre : 1883, 1884, 1885, 1886, 1887.
Nord : 1883, 1884, 1885, 1886, 1887.
Oran : 1883, 1884, 1885, 1886, 1887.
Orne : 1883, 1884, 1885, 1886, 1887.
Pas-de-Calais : 1883, 1884, 1885, 1886, 1887.
Puy-de-Dôme : 1883, 1884, 1885.
Pyrénées (Basses-) : 1883, 1884, 1885, 1886, 1887.
Pyrénées (Hautes-) : 1883, 1884, 1885, 1886, 1887.
Pyrénées Orientales : 1883, 1884, 1885, 1886, 1887.
Rhin (Haut-) : (Territoire de Belfort) : 1883, 1886, 1887.
Rhône : 1883, 1884, 1885, 1886, 1887.
Saône (Haute-) : 1883, 1884, 1885, 1886, 1887.
Saône-et-Loire : 1883, 1884, 1885, 1886, 1887.
Sarthe : 1883, 1884, 1885, 1886, 1887.
Savoie : 1883, 1884, 1885, 1886, 1887.
Savoie (Haute-) : 1883, 1884, 1885, 1886, 1887.
Seine : 1883, 1884, 1885, 1886, 1887.
Seine-et-Marne : 1883, 1884, 1885, 1886, 1887.
Seine-et-Oise : 1883, 1884, 1885, 1886, 1887.
Seine-Inférieure : 1883, 1884, 1885, 1886, 1887.
Sèvres (Deux-) : 1883, 1884, 1885, 1886, 1887.
Somme : 1883, 1884, 1885, 1886, 1887.
Tarn : 1883, 1884, 1885, 1886, 1887.
Tarn-et-Garonne : 1883, 1884, 1885, 1886, 1887.
Var : 1883, 1884, 1885, 1886, 1887.
Vaucluse : 1883, 1884, 1885, 1886, 1887.
Vendée : 1883, 1884, 1885, 1886, 1887.
Vienne : 1883, 1884, 1885, 1886, 1887.
Vienne (Haute-) : 1883, 1884, 1885, 1886, 1887.
Vosges : 1883, 1884, 1885, 1886, 1887.
Yonne : 1883, 1884, 1885, 1886, 1887.
— Bibliothèque administrative.

456. *Analyse des vœux émis par les Conseils généraux des départements.*
Session de 1883. Paul Dupont. 1884.
—   1884.   —   1885.
—   1886.   —   1887.
—   1887.   —   1888.
4 volumes. — Bibliothèque administrative.

457. *Comptes des départements :*
Allier : 1879, 1882, 1883, 1884, 1885.
Alpes (Basses-) : 1880, 1881, 1882, 1883, 1884, 1885, 1886.
Ardèche : 1880, 1881, 1882, 1883, 1884, 1885.
Bouches-du-Rhône : 1882, 1883.
Calvados : 1884.
Cher : 1883, 1885, 1886.
Côte-d'Or : 1880.
Dordogne : 1880, 1881, 1882.
Doubs : 1885, 1886.
Drôme : 1878, 1879, 1880, 1881, 1882, 1883, 1884, 1885.
Eure : 1879, 1880, 1881, 1882, 1883, 1884, 1885.
Eure-et-Loir : 1879, 1880, 1881, 1883, 1884, 1885, 1886.
Finistère : 1882.
Gard : 1882, 1883, 1884, 1885, 1886.
Gers : 1880, 1881, 1883, 1884. 1885, 1886.
Ille-et-Vilaine : 1881, 1882, 1883, 1884, 1885.
Indre-et-Loire : 1880, 1881, 1882, 1883, 1884, 1885, 1886.
Isère : 1880, 1881, 1882, 1883, 1884, 1885.
Loire : 1879, 1882, 1883, 1884, 1885.
Lot-et-Garonne : 1879, 1880, 1881, 1882, 1883, 1884, 1885.
Maine-et-Loire : 1884, 1885, 1886.
Manche : 1885.
Marne : 1879, 1880, 1881, 1882, 1883, 1884, 1885, 1886.
Marne (Haute-) : 1880, 1881, 1882, 1883, 1884, 1885.
Mayenne : 1877, 1878, 1879, 1880.
Meurthe-et-Moselle : 1879, 1880, 1881, 1883.
Meuse : 1879, 1880.
Morbihan : 1877, 1878, 1879, 1880, 1881, 1884.
Nièvre : 1882, 1883, 1884, 1885.
Pas-de-Calais : 1879, 1880, 1881, 1882, 1883, 1884, 1885.
Puy-de-Dôme : 1878, 1880, 1881.
Pyrénées (Hautes-) : 1880, 1881.
Pyrénées Orientales : 1881.
Rhin (Haut-) (Territoire de Belfort) : 1882, 1884, 1886.
Rhône : 1880, 1881, 1882, 1883, 1885.
Saône-et-Loire : 1880, 1881, 1882, 1883, 1884, 1885, 1886.
Sarthe : 1879.
Savoie : 1879, 1881, 1882, 1883, 1884, 1885.
Savoie (Haute-) : 1880, 1882, 1883, 1884, 1885, 1886.
Seine-et-Marne : 1880, 1881, 1882, 1883, 1884, 1885, 1886.
Seine-et-Oise : 1883, 1884, 1885.
Seine-Inférieure : 1880, 1881, 1882, 1883, 1884, 1885.
Sèvres (Deux-) : 1879, 1880, 1881, 1882, 1883, 1884, 1885.
Somme : 1879, 1881, 1882, 1883, 1884, 1885.
Tarn-et-Garonne : 1881, 1882, 1884, 1885.
Var : 1880, 1881, 1882, 1883, 1884, 1885, 1886.
Vaucluse : 1880, 1881, 1882, 1883, 1884.

Vienne : 1880, 1881, 1882, 1883, 1884, 1886.
Vienne (Haute-) : 1879.
— Bibliothèque administrative.
458, *Budgets des départements :*
Aisne : 1882, 1883, 1884, 1885, 1886, 1887.
Allier : 1884, 1885, 1886, 1887.
Alpes (Basses-) : 1883, 1884, 1885, 1886, 1887.
Ardèche : 1883, 1884, 1885, 1886, 1887.
Bouches-du-Rhône : 1885.
Calvados : 1887.
Cher : 1885, 1887.
Corrèze : 1883.
Côte-d'Or : 1878.
Dordogne : 1882, 1883, 1884, 1885.
Doubs : 1887.
Drôme : 1883, 1884, 1885, 1886, 1887.
Eure : 1882, 1883, 1884, 1885, 1886, 1887.
Eure-et-Loir : 1881, 1883, 1885, 1886, 1887.
Gard : 1883, 1884, 1885, 1887.
Gers : 1883, 1884, 1885, 1886, 1887.
Ille-et-Vilaine : 1883, 1884, 1885, 1887.
Indre-et-Loire : 1882, 1883, 1884, 1885, 1886, 1887.
Isère : 1883, 1884, 1885, 1886, 1887.
Loire : 1883, 1887.
Loiret : 1886, 1887.
Lot-et-Garonne : 1883, 1884, 1885, 1886, 1887.
Lozère : 1887.
Maine-et-Loire : 1887.
Manche : 1887.
Marne : 1883, 1884, 1885, 1886, 1887.
Marne (Haute-) : 1884, 1886.
Mayenne : 1883.
Meurthe-et-Moselle : 1883, 1884, 1885, 1886.
Meuse : 1881, 1882, 1883, 1884, 1885, 1886.
Morbihan : 1882, 1883.
Nièvre : 1883, 1884, 1885, 1886, 1887.
Pas-de-Calais : 1883, 1884, 1885, 1886, 1887.
Puy-de-Dôme : 1883, 1884, 1887.
Pyrénées (Hautes-) : 1883.
Pyrénées Orientales : 1885.
Rhin (Haut-), (Territoire de Belfort) : 1883, 1884, 1885, 1886, 1887.
Rhône : 1883, 1884, 1885, 1887.
Saône-et-Loire : 1883, 1884, 1885, 1886, 1887.
Sarthe : 1882, 1883.
Savoie : 1883, 1884, 1885, 1886, 1887.
Savoie (Haute-) : 1883, 1884, 1885, 1886, 1887.
Seine-et-Marne : 1883, 1884, 1885, 1886, 1887.
Seine-et-Oise : 1883, 1884, 1885, 1886, 1887.
Seine-Inférieure : 1883, 1884, 1885, 1886, 1887.
Sèvres (Deux-) : 1882, 1883, 1884, 1885, 1886, 1887.
Somme : 1881, 1883, 1884, 1885, 1886, 1887.
Tarn-et-Garonne : 1883, 1885, 1886, 1887.
Var : 1876, 1877, 1883, 1884, 1885, 1886, 1887.
Vaucluse : 1883, 1884, 1885, 1886, 1887.

Vienne : 1883, 1884, 1885, 1886, 1887.
Vienne (Haute-) : 1886.
— Bibliothèque administrative.

1103. CHARLES CONSTANT. — *Code départemental ou Manuel des Conseillers généraux et d'arrondissement*. Paris. Pedone-Lauriel. 1880. 2 volumes. — Cabinet du Préfet.

1171. *Annuaire de l'administration préfectorale. (Organisation. Personnel des fonctionnaires. Notices individuelles.)* Paris. Berger-Levrault et Ci". 1885. 1 volume. — Cabinet du Préfet.

1172. *Idem*. — Cabinet du Secrétaire général.

1220. FÉLIX JACQUELIN. — *La Commission départementale, son origine, son organisation, ses attributions, voies de recours contre ses décisions*. Poitiers. Paul Oudin. 1887. 1 volume. — Bibliothèque administrative.

1339. J. DE CRISENOY. — *Les Conseils généraux. Revue des travaux des sessions d'avril et d'août 1887*. Paris. Berger-Levrault et Ciᵉ. 1887. 2 volumes. — Bibliothèque administrative.

1340. L. LEX et P. SIRAUD. — *Le Conseil général et les Conseillers généraux de Saône-et-Loire (1789-1889)*. Mâcon. Belhomme. 1888. 1 volume. — Cabinet du Préfet.

1341. *Idem*. — Cabinet du Secrétaire général.

1342. *Idem*. — Cabinet du Chef de la 2ᵐᵉ division.

1343. *Idem*. — Bibliothèque administrative.

20. ADMINISTRATION COMMUNALE

465. *Journal des Communes, de 1883 à 1887*. 5 volumes. — Cabinet du Chef de la 2ᵐᵒ division.

466. *École des Communes, de 1883 à 1887*. Paris. Paul Dupont. 5 volumes. — Cabinet du Chef de la 1ʳᵉ division.

467. TAULIER. — *Répertoire administratif des Maires de 1883 à 1887*. 5 volumes. — Cabinet des Conseillers de Préfecture.

491. Ministère de l'Intérieur. *Situation financière des communes en 1884, 1885, 1886 et 1887*. Paris et Nancy. Berger-Levrault. 1884 à 1887. 4 volumes. — Bibliothèque administrative.

1116. *La Loi sur l'organisation municipale du 5 avril 1884. Commentaire et jurisprudence par MM. Paul André et F. Marin*. Paris. Paul Dupont. 1884. 1 volume. — Cabinet du Préfet.

1117. LÉON MORGAND. — *La Loi municipale. Commentaire de la loi du 5 avril 1884*. Tomes I et II. Paris. Berger-Levrault. 1884 et 1885. 2 volumes. Cabinet du Secrétaire général.

1118. *La Loi sur l'organisation municipale du 5 avril 1884. Commentaire et jurisprudence par MM. Paul André et F. Marin.* Paris. Paul Dupont. 1884. 1 volume. — Cabinet des Conseillers de Préfecture.
1119. *Idem.* — Cabinet du Chef de la 2me division.
1120. *Idem.* — Cabinet du Chef de la 1re division.
1121. *Idem.* — Cabinet du Chef de la 3me division.
1122. *La Loi sur l'organisation municipale, promulguée au Journal officiel du 6 avril 1884.* 1 volume. — Cabinet du Chef de la 1re division.
1123. *Idem.* — Deuxième division; 1er bureau.
1124. *Idem.* — Cabinet du Chef de la 3me division.
1125. *Idem.* — Cabinet du Secrétaire général.
1126. *Idem.* — Cabinet des Conseillers de Préfecture.
1127. *Idem.* — Première division; 1er bureau.
1128. *Idem.* — Première division; 2me bureau.
1129. *Idem.* — Deuxième division; 2me bureau.
1130. *Idem.* — Troisième division; 1er bureau.
1131. *Idem.* — Troisième division; 2me bureau.
1132. *Idem.* — Deuxième division; 3me bureau.
1133. *Idem.*
1142. Marcel Grégoire. — *Guide des gardes champêtres des communes et des gardes des particuliers.* Paris. Garnier frères. 1883. 1 volume. — Cabinet du Préfet.
1151. Romain Verdalle. — *Traité pratique de la comptabilité des communes et des établissements de bienfaisance.* Paris. Paul Dupont. 1885. 1 volume. — Cabinet du chef de la 2me division.
1189. Léon Morgand. — *La loi municipale. Commentaires de la loi du 5 avril 1884.* Tomes I et II. Paris. Berger-Levrault. 1884 et 1885. 2 volumes. — Cabinet du Préfet.
1196. Emile Faÿ. — *Traité pratique de législation sur les cimetières et la police des inhumations et exhumations.* Amiens. T. Jeunet. 1 volume. — Cabinet du chef de la 2me division.
1226. Léon Morgand. — *La loi municipale. Commentaire de la loi du 5 avril 1884.* Tomes I et II. Paris. Berger-Levrault. 1887. 2 volumes. — 2me division; 1er bureau.
1227. *Idem.* — Cabinet des Conseillers de Préfecture.

21, AFFAIRES ÉTRANGÈRES

(NÉANT)

22. GUERRE, MARINE, COLONIES

766. *Chambre syndicale de la marine du Nord. Comptes rendus, années 1880-81, 1882-83, 1883-84 et 1884-85.* Péruwelz. Courtin-Jourdoit. 4 volumes. — Bibliothèque administrative.

769. Gouvernement général civil de l'Algérie. *État de l'Algérie publié d'après les documents officiels par ordre de MM. Albert Grévy et Louis Tirman.* Alger. Gojosso et Cie. 1880 et 1881. 2 volumes. — Bibliothèque administrative.

770. Algérie. *Conseil supérieur de gouvernement. Sessions de février et de novembre-décembre 1884. Procès-verbaux des délibérations.* Alger. J. Lavagne. 1884 et Gojosso et Cie. 1884. 2 volumes. — Bibliothèque administrative.

846. Ministère de la Guerre. *Comptes rendus sur le recrutement de l'armée pendant les années 1882 et 1884 à 1886.* Paris. Imprimerie nationale. 1883 et 1885 à 1887. 4 volumes. — Bibliothèque administrative.

1067. Société centrale de sauvetage des naufragés. *Statistiques des naufragés et événements de mer survenus sur les côtes de France pendant les années 1880 à 1883.* Paris 1883 et 1885. 2 volumes. — Bibliothèque administrative.

1068. *Annales du sauvetage maritime pour les années 1883 à 1887.* 5 volumes. — Bibliothèque administrative.

1166. *Notices coloniales publiées à l'occasion de l'exposition universelle d'Anvers en 1885.* Tomes I, II, III et annexes. Paris. Imprimerie nationale. 1885 et 1886. 4 volumes. — Bibliothèque administrative.

1191. Ministère de la Marine et des Colonies. *Annuaire agricole, commercial et industriel des Colonies de la République française, pour 1885.* Paris. Imprimerie nationale. 14 fascicules. — Bibliothèque administrative.

1194. Ministère de la Marine et des Colonies. *Statistiques coloniales pour les années 1884 à 1886.* Paris. Imprimerie nationale. 1886 à 1888. 3 volumes. — Bibliothèque administrative.

1202. Ministère de la Marine et des Colonies. *Catalogue de l'exposition coloniale de la République française à Anvers.* Paris. Imprimerie nationale. 1885. 2 volumes. — Bibliothèque administrative.

1212. *Annuaire colonial. 1887.*
— *Idem.* *1888.* Paris. 2 volumes. — Bibliothèque administrative.

1225. A. L'ESPRIT. — *Situation des étrangers en France au point de vue du recrutement.* Paris. Berger-Levrault. 1888. 1 volume. 1re division ; 2me bureau.

1344. Ministère de la Marine et des Colonies. *Catalogue détaillé de la section des travaux publics à l'exposition coloniale française d'Anvers.* Paris. Imprimerie nationale. 1885. 1 volume. — Bibliothèque administrative.

1345. Société centrale de sauvetage des naufragés. *Compte rendu de l'assemblée générale tenue le 23 mai 1888.* Paris. 1888. 1 volume. — Bibliothèque administrative.

1346. *Moniteur des sapeurs-pompiers, année 1880*. Paris. Paul Dupont. 1880. 1 volume. — Bibliothèque administrative.
1347. Ministère de l'Agriculture et du Commerce. *Règlement général de police sanitaire maritime*. Paris. Imprimerie nationale. 1876. 1 volume. — Bibliothèque administrative.
1348. *Rapports adressés à M. le Ministre de la Marine et des Colonies par M. le Résident général à Hué, sur la situation agricole, industrielle et commerciale au Tonkin*. Paris. Imprimerie du *Journal officiel*. 3 fascicules. — Bibliothèque administrative.
1349. *Hôpitaux maritimes de France pour le traitement et la guérison des enfants scrofuleux*. Nancy. Berger-Levrault et Cⁱᵉ. 1887. 1 volume.— Bibliothèque administrative.
1350. Société française de secours aux blessés des armées de terre et de mer. *Rapport de la commission des finances, par E. de Billy*. Paris. Imprimerie nationale. 1873. 1 volume. — Bibliothèque administrative.
1351. Lefebvre Saint-Ogan. — *La question coloniale et la crise*. Paris. Léopold Cerf. 1886. 1 volume. — Bibliothèque administrative.
1352. *Madagascar et les protestants français*. Paris. 1887. 1 volume. — Bibliothèque administrative.
1353. Z. Arnal. — *Le protestantisme et les colonies*. Paris. Grassart. 1887. 1 volume. — Bibliothèque administrative.
1354. E. Acollas. — *Le droit de la guerre*. Paris. Ch. Delagrave. 1888. 1 volume. — Bibliothèque administrative.
1355. Société centrale de sauvetage des naufragés. *Annuaire de 1884*. Paris. P. Mouillot. 1884. 1 volume. — Bibliothèque administrative.

23. FINANCES, ADMINISTRATION GÉNÉRALE, POSTES & TÉLÉGRAPHES

1145. Foyot et Lanjalley. — *Dictionnaire des finances publié sous la direction de M. Léon Say*. Paris. Berger-Levrault. 1884. 1 volume. — Cabinet du Préfet.
1161. Ministère de l'Intérieur. *Budgets des dépenses des exercices 1885 à 1888. Répétition par article en exécution du décret du 31 mai 1862. (Nomenclatures.)* Paris. Imprimerie nationale. 4 volumes. — Bibliothèque administrative.
1197. Victor de Swarte. — *Traité de la comptabilité occulte et des gestions extraréglementaires*. Paris. Berger-Levrault. 1884. 1 volume. — Cabinet du Secrétaire général.
1200. Oyon. — *Tables de multiplication*. Chenu. Orléans. 1864. 2 volumes. — 2ᵐᵉ division ; 1ᵉʳ bureau.

1224. *Annuaire de la direction générale des Postes et Télégraphes en France pour 1888*. Paris. Paul Dupont. 1 volume. — Bibliothèque administrative.

1356. Ministère de l'Intérieur. *Situation financière des départements en 1885*. Melun. Imprimerie administrative. 1887. 2 volumes. — Bibliothèque administrative.

1357. *Discours de* **M. J. Magnin**, *ministre des finances, dans les séances des 22 mars et 13 juillet, au Sénat, et des 2 et 10 juillet 1880, à la Chambre des députés*. Paris. Imprimerie nationale. 1880. 1 brochure. — Bibliothèque administrative.

---

24. CONTRIBUTIONS DIRECTES & INDIRECTES

583. *Bulletin des Contributions directes*. Paris. 1883 à 1887. 5 volumes. — 2ᵐᵉ division ; 3ᵐᵉ bureau.

610. *Journal des Percepteurs, de 1883 à 1887*. 5 volumes. — Cabinet des Conseillers de Préfecture.

611. *Mémorial des Percepteurs, de 1883 à 1887*. 5 volumes. — Cabinet du Chef de la 2ᵐᵉ division.

637. *Budgets :*
1885. Session de 1884. — Projet de loi portant fixation du budget général de l'exercice 1885. Imprimerie nationale. 1884. 2 volumes.
1886. Session de 1885. *Idem* de l'exercice 1886. *Idem*. 1885. 3 volumes.
1887. — 1886. *Idem* — 1887. *Idem*. 1886. 2 —
1888. — 1887. *Idem* — 1888. *Idem*. 1887. 3 —
1889. — 1888. *Idem* — 1889. *Idem*. 1888. 3 —
— Bibliothèque administrative.

638. *Comptes :*
1881. Compte général de l'administration des finances, rendu, pour l'année 1881, par le Ministre des Finances, et compte définitif des recettes de l'exercice 1881, rendu par le Ministre des Finances. Imprimerie nationale. 1883 et 1884. 2 volumes.
1882. *Idem*, pour l'année 1882. Imprimerie nationale. 1884. 2 volumes.
1883. *Idem*, — 1883. — 1885. 1 —
— Bibliothèque administrative.

979. Ministère des Finances. *Nouvelle évaluation du revenu foncier des propriétés non bâties de la France*. Paris. Imprimerie nationale. 1884. 3 volumes. — Bibliothèque administrative.

1204. Victor de Swarte. — *Manuel du candidat à l'emploi de percepteur surnuméraire*. Paris. Berger-Levrault. 1886. 1 volume. — Cabinet du Chef de la 2ᵐᵉ division.

1358. *Le cadastre dans ses rapports avec l'agriculture.* Paris. Août 1883. 1 volume. — Bibliothèque administrative.

1359. *Rapport présenté par M. Boucher d'Argis sur la nouvelle évaluation des propriétés bâties.* Paris. 1888. 1 volume.— Bibliothèque administrative.

1360. *Proposition d'enquête sur l'évaluation des revenus fonciers, présentée par M. le comte de Luçay.* Clermont (Oise). Daix frères. 1884. 1 volume. — Bibliothèque administrative.

1361. *Rapport par M. le comte de Luçay sur la nouvelle évaluation du revenu net des propriétés non bâties.* Paris. 1884. 1 volume. — Bibliothèque administrative.

1362. *Discours prononcé par M. le comte Duchâtel, député, à propos de l'impôt foncier.* Paris. Imprimerie de la Société de typographie. 1886. 1 volume. — Bibliothèque administrative.

1363. *Compte rendu analytique de la conférence sur le cadastre, à Chartres, le 19 août 1883.* Chartres. Durand frères. 1883. 1 volume. — Bibliothèque administrative.

25. HISTOIRE & GÉOGRAPHIE

643. *Journal officiel de la République française.*
Année 1883. 14 volumes reliés.
— 1884. 14 —
— 1885. 12 —
— 1886. 12 —
— Bibliothèque administrative.

1105. *Plan de la ville de Beauvais.* — Bibliothèque administrative.

1106. *Catalogue des Cartes, plans et autres ouvrages composant le fonds du dépôt général de la Guerre.* Paris. Imprimerie nationale. 1884. 1 volume. — Bibliothèque administrative.

1111. Waille Marial. — *La France d'Afrique et ses destinées.* Paris. Auguste Ghio et Challamel aîné. 1883. 1 volume. — Bibliothèque administrative.

1183. Vuillemin. — *Nouvelle carte de France et de ses colonies.* Paris. Logerot et J. Gaultier. 1886. — Cabinet des Conseillers de Préfecture.

1184. *Carte générale de l'Europe.* Paris. Logerot. 1886. — Cabinet des Conseillers de Préfecture.

1364. Ville. — *Voyage d'exploration dans les bassins du Hodna et du Sahara.* Paris. Imprimerie impériale. 1868. 1 volume. — Bibliothèque administrative.

26. DÉPARTEMENT

658. *Recueil des Actes administratifs de l'Oise, de 1883 à 1887.* 5 volumes. — Cabinet du Préfet.
660. *Idem.* — Cabinet du Secrétaire général.
661. *Idem.* — Cabinet du Chef de la 2ᵐᵉ division.
662. *Idem.* — 1ʳᵉ division ; 1ᵉʳ bureau.
663. *Idem.* — 1ʳᵉ division ; 2ᵐᵉ bureau.
664. *Idem.* — Cabinet du Chef de la 1ʳᵉ division.
669. *Idem.* — Cabinet du Chef de la 3ᵐᵉ division.
670. *Procès-verbaux du Conseil général de l'Oise,* en série, de 1883 à 1887. — 5 volumes. — Cabinet du Secrétaire général.
673. *Idem.* — Cabinet du Chef de la 2ᵐᵉ division.
677. *Annuaire de l'Oise.* 1884 à 1888. 5 volumes. — Cabinet du Préfet.
680. *Lettre pastorale de Monseigneur l'Évêque de Beauvais sur l'Instruction primaire.* Beauvais. Pere. 1882. 1 brochure.
Idem, nᵒˢ 1 et 33. Soissons. Fossé d'Arcosse fils, 1884 et Beauvais. Pere. 1884. 2 brochures. — Bibliothèque administrative.
682. *Distribution des prix du petit séminaire de Noyon.* Noyon. Andrieux. 1880. 1 brochure.
Idem. 1882. 1 brochure. — Bibliothèque administrative.
686. Université de France. *Concours des lycées et collèges de l'Académie de Paris. 1877.* Paris. Delalain. 1 brochure. — Bibliothèque administrative.
687. Ville de Beauvais. Collège communal. *Distributions de prix. 1867 et 1876.* Beauvais. Constant Moisand. 2 brochures. — Bibliothèque administrative.
689. *Concours des écoles primaires du canton de Noyon ; Distribution des prix.* Noyon. Andrieux. 1866. 1 brochure. — Bibliothèque administrative.
697. *Rapport sur les travaux du conseil central de salubrité et des conseils d'arrondissements du département de l'Oise, pendant l'année 1876.* Beauvais. Pere. 1877. 1 volume.
Idem. 1877. Beauvais. Pere. 1878. 1 volume.
Idem. 1878. Poissy. Edmond Rousset et Cⁱᵉ. 1879. 1 volume.
Idem. 1879. Paris. Edmond Rousset et Cⁱᵉ. 1880. 1 volume.
Idem. 1880. Paris. Edmond Rousset et Cⁱᵉ. 1881. 1 volume.
Idem. 1881. Beauvais. Eugène Laffineur. 1882. 1 volume.
Idem. 1882. Beauvais. Eugène Laffineur. 1883. 1 volume.
Idem. 1883. Beauvais. Eugène Laffineur. 1884. 1 volume.
Idem. 1884. Beauvais. Eugène Laffineur. 1885. 1 volume.
Idem. 1885. Beauvais. Imprimerie centrale administrative. 1886. 1 volume.
Idem. 1887. Beauvais. Imprimerie centrale administrative. 1887. 1 volume.
— Bibliothèque administrative.

699. *Société des chasseurs de l'Oise pour la répression du braconnage. 1876-1877 et 1877-1878.* Beauvais. C. Moisand. 1877 et 1878. 2 volumes. — Bibliothèque administrative.

702. *Règlements sur l'exécution de la loi du 21 mars 1836 sur les chemins vicinaux.* Beauvais. C. Moisand. 1847 et 1854. 2 volumes. — Bibliothèque administrative.

712. Société des anciens élèves de l'Institut normal agricole de Beauvais.
Compte rendu de la 5ᵐᵉ et 6ᵐᵉ réunions. Nogent-le-Rotrou. Gouverneur. 1873. 1 volume.
Compte rendu de la 7ᵐᵉ réunion. Nogent-le-Rotrou. Gouverneur. 1874. 1 volume.
Compte rendu de la 8ᵐᵉ réunion. Beauvais. C. Moisand. 1875. 1 volume.
— *de la 10ᵐᵉ réunion.* Paris. Blériot. 1877. 1 volume.
— *de la 11ᵐᵉ réunion.* — 1878. —
— *de la 12ᵐᵉ réunion.* — 1879. —
— *de la 13ᵐᵉ et 14ᵐᵉ réunions.* Beauvais. C. Moisand. 1881. 1 volume.
Compte rendu de la 15ᵐᵉ réunion. Châteauroux. A. Majesté. 1882. 1 volume.
Compte rendu de la 16ᵐᵉ réunion. Châteauroux. A. Majesté. 1883. 1 volume.
Compte rendu de la 20ᵐᵉ réunion. Châteauroux. A. Majesté. 1888. 1 volume.
— Bibliothèque administrative.

713. Institut agricole de Beauvais. *Annales de la station agronomique du département de l'Oise.* Années 1883 et 1885 à 1888. 5 volumes. — Bibliothèque administrative.

724. *Résumé des conférences agricoles du département de l'Oise par Louis et Charles Gossin, années 1873, 1876 et 1877-1878.* 3 volumes. — Bibliothèque administrative.

731. *Comptes et budgets départementaux de l'Oise.*
Comptes de 1876 à 1883.
Budgets de 1876 à 1887. — Bibliothèque administrative.

752. *Almanach du Journal de l'Oise, années 1884 à 1888.* 5 volumes. — Bibliothèque administrative.

763. Établissement des Frères des Écoles chrétiennes de Beauvais. *Discours prononcés aux distributions des prix des 6 août 1882, 5 août 1883 et 31 juillet 1887.* Beauvais. Pere. 1882. 1 volume. Beauvais. Moisand. 1883 et 1887. 2 volumes. — Bibliothèque administrative.

955. *La rosière de Beauvais.* Prix de vertu fondé par M. J.-B. Baillière. Beauvais. Pere. 1884. 1 volume. — Bibliothèque administrative.

1031. EUGÈNE LECLERC. — *Rapports et comptes rendus des opérations de la caisse d'épargne de Clermont (Oise) pendant les années 1881, 1883 et 1887.* Clermont. Daix frères. 1882, 1884 et 1888. 3 volumes. — Bibliothèque administrative.

1035. *Comptes rendus des opérations de la caisse d'épargne de Beauvais pendant les années 1883 et 1886.* Beauvais. Moisand. 1884 et 1887. 2 volumes. — Bibliothèque administrative.

1036. *Caisse d'épargne de Senlis. Rapports des directeurs de la caisse au conseil d'administration. Années 1881, 1882 et 1884 à 1887.* Senlis. E. Payen. 1882, 1883 et 1885 à 1888. 6 volumes. — Bibliothèque administrative.

1205. *Carte routière du département de l'Oise, dressée par le service des Ponts et Chaussées. 1886.* (Collée sur toile avec rouleau). Paris. Régnier. — Cabinet du Préfet.

1206. *Idem*. — Cabinet du Secrétaire général.

1207. *Idem*. — Cabinet des Conseillers de Préfecture.

1208. *Idem*. — Cabinet du Chef de la 1re division.

1209. *Idem*. — Cabinet du Chef de la 2me division.

1210. *Idem*. — Cabinet du Chef de la 3me division.

1211. *Idem*. — 3me division ; 3me bureau.

1217. *Carte scolaire du département de l'Oise* (Tirage de 1887). — Salle des délibérations du Conseil général.

1218. *Idem*. — Salle de la Commission départementale.

1219. LEFEBVRE-SAINT-OGAN. — *Compiègne*. Paris. Quantin. 1887. 1 volume. — Bibliothèque administrative.

1365. Petit séminaire de Saint-Lucien. *Comptes rendus des distributions des prix des 5 août 1882, 2 août 1884 et 30 juillet 1885*. Beauvais. Pere. 3 brochures. — Bibliothèque administrative.

1366. Pensionnat Divoire de Compiègne. *Discours prononcés aux distributions des prix des 1er août 1884, 2 août 1885 et 1er août 1888*. Compiègne. A. Mennecier et Cie. 1884, 1885 et 1888. 3 brochures. — Bibliothèque administrative.

1367. Pensionnat des Dames de Saint-Thomas de Villeneuve de Noyon. *Distribution des prix du 10 août 1882*. Noyon. Andrieux. 1882. 1 brochure. — Bibliothèque administrative.

1368. Collège de Compiègne. *Discours prononcé à la distribution des prix du 3 août 1882*. Compiègne. A. Mennecier et Cie. 1882. 1 brochure. — Bibliothèque administrative.

1369. Pensionnat Sainte-Marie de Saint-Germer-de-Fly. *Compte rendu de la distribution des prix du 7 août 1884*. Beauvais. Pere. 1 brochure. — Bibliothèque administrative.

1370. *Association des anciens élèves du collége de Compiègne. Comptes rendus des assemblées des 29 juin 1882 et 25 juin 1885*. Compiègne. A. Mennecier et Cie. 1882 et 1885. 2 brochures. — Bibliothèque administrative.

1371. *Société de secours mutuels des sapeurs-pompiers de Clermont. Séance du 5 février 1882*. Clermont. A. Daix. 1882. 1 brochure. — Bibliothèque administrative.

1372. *Association de prévoyance et de secours mutuels des médecins du département de l'Oise. Séances des 24 septembre 1882 et 25 février 1883*. Beauvais. Imprimerie de *l'Indépendant de l'Oise*. 1882 et 1883. 2 brochures. — Bibliothèque administrative.

1373. *Société des pharmaciens de l'Oise. Procès-verbaux des réunions des 23 octobre 1881, 4 juin 1882, 28 juin et 11 octobre 1885*. Beauvais. Eugène Laffineur. 1881, 1882 et 1885. 3 brochures. — Bibliothèque administrative.

1374. *Société académique d'archéologie, sciences et arts du département de l'Oise. Comptes rendus des séances. 1885 et 1887*. Beauvais. Pere. 2 brochures. — Bibliothèque administrative.

1375. *Société d'horticulture, de botanique et d'apiculture de Beauvais. Décret-Statuts-Règlement*. Beauvais. Eugène Laffineur. 1881. 1 brochure. — Bibliothèque administrative.

1376. *Société d'agriculture de l'arrondissement de Compiègne. Règlement*. Compiègne. A. Mennecier et Cie. 1882. 1 brochure. — Bibliothèque administrative.

1377. *Statuts de la société de secours mutuels de Cuise-la-Motte*. Compiègne. A. Mennecier et Cie. 1884. 1 brochure. — Bibliothèque administrative.

1378. *Statuts de la Prévoyante des communes rurales, société de secours mutuels fondée à Chevrières.* Compiègne. A. Mennecier et Cie. 1884. 1 brochure. — Bibliothèque administrative.

1379. *Statuts de l'Union céramique de l'arrondissement de Beauvais.* Beauvais. Imprimerie de *l'Indépendant de l'Oise.* 1882. 1 brochure. — Bibliothèque administrative.

1380. *Association syndicale professionnelle des médecins de l'arrondissement de Beauvais.* Beauvais. Imprimerie de *l'Indépendant de l'Oise.* 1883. 1 brochure. — Bibliothèque administrative.

1381. *Statuts de la Société de secours mutuels des instituteurs et institutrices publics de l'Oise.* Beauvais. Imprimerie de *l'Indépendant de l'Oise.* 1882. 1 brochure. — Bibliothèque administrative.

1382. *Statuts de l'association des anciens élèves de l'école mutuelle de Beauvais.* Beauvais. Eugène Laffineur. 1882. 1 brochure. — Bibliothèque administrative.

1383. *Statuts de la Société de patronage des condamnés libérés dans le département de l'Oise.* Beauvais. Imprimerie de *l'Indépendant de l'Oise.* 1883. 1 brochure. — Bibliothèque administrative.

1384. *Statuts du Sport nautique compiègnois.* Compiègne. A. Mennecier et C^{io}. 1882. 1 brochure. — Bibliothèque administrative.

1385. *Statuts de la Société de gymnastique la Beauvaisienne.* Beauvais. Imprimerie centrale administrative. 1 brochure. — Bibliothèque administrative.

1386. *Règlement général du cercle catholique d'ouvriers de Beauvais.* Beauvais. Pere. 1876. 1 brochure. — Bibliothèque administrative.

1387. *Statuts du cercle de la ville de Beauvais.* Beauvais. Eugène Laffineur. 1873. 1 brochure. — Bibliothèque administrative.

1388. *Règlement du conseil municipal de Grandvilliers.* Beauvais. Eugène Laffineur. 1888. 1 brochure. — Bibliothèque administrative.

1389. Ville de Beauvais. *Traité relatif à l'éclairage au gaz. 1870.* Arras. Rousseau-Leroy. 1 volume. — Bibliothèque administrative.

1390. Ville de Compiègne. *Règlement général de police.* Compiègne. A. Mennecier et C^{le}. 1887. 1 volume. — Bibliothèque administrative.

1391. *Demande de la section du Marais (commune de Saint-Martin-le-Nœud), tendant à être érigée en commune distincte.* Beauvais. 1886. 2 brochures. — Bibliothèque administrative.

1392. *Projet d'érection en commune distincte des hameaux de Mérard, Moineau, Boisicourt et Brivois sous le nom de Mérard.* Beauvais. Impririe centrale administrative. 1887. 1 brochure. — Bibliothèque administrative.

1393. *Protestation du conseil municipal de Beaumont-les-Nonains contre l'annexion du hameau de Jouy-la-Grange à la commune de Jouy-sous-Thelle.* Beauvais. Eugène Laffineur. 1882. 1 brochure. — Bibliothèque administrative.

1394. *Enquête sur les finances de la ville de Noyon.* Noyon. D. Andrieux. 1880. 1 volume. — Bibliothèque administrative.

1395. Département de l'Oise. *Travaux communaux. Cahier des charges, clauses et conditions générales imposées aux entrepreneurs.* Beauvais. C. Moisand. 1863. 1 brochure. — Bibliothèque administrative.

1396. Compagnie des eaux de Senlis. *Rapports des commissaires de surveillance sur la situation de la société. Exercices 1881 et 1882.* Senlis. E. Payen. 1882 et 1883. 2 volumes. — Bibliothèque administrative.

1397. Compagnie du chemin de fer de Hermes à Beaumont. *Rapport présenté par le conseil d'administration*. Beauvais. E. Laffineur. 1882. 1 volume. — Bibliothèque administrative.

1398. Chemin de fer d'intérêt local d'Estrées-Saint-Denis à Froissy. *Rapport de l'ingénieur en chef sur la demande de M. Lambert, tendant à la concession d'une ligne à voie étroite*. Beauvais. Imprimerie centrale administrative. 1887. 1 brochure. — Bibliothèque administrative.

1399. Département de l'Oise. *Canal du Nord. Rapport de M. Moisand, conseiller général*. Beauvais. Imprimerie centrale administrative. 1887. 1 brochure. — Bibliothèque administrative.

1400. *Propositions présentées par la compagnie du Nord pour les lignes d'intérêt local du département de l'Oise*. Beauvais. E. Laffineur. 1 brochure. — Bibliothèque administrative.

1401. CHARLES JANET. — *Le tunnel sous-marin du Pas-de-Calais. Compte rendu d'une visite aux travaux préliminaires*. Beauvais. Pere. 1882. 1 brochure. — Bibliothèque administrative.

1402. *Exposé sommaire de la situation et des besoins du réseau des voies de communication départementales au 1er mars 1883. Rapport de l'Ingénieur en chef*. Beauvais. Pere. 1 brochure. — Bibliothèque administrative.

1403. *Rapport sur l'état et les besoins des écoles publiques et sur l'état des écoles privées de l'Oise pendant l'exercice 1885-1886*. Beauvais. Imprimerie centrale administrative. 1 brochure. — Bibliothèque administrative.

1404. *Projet de vœu présenté au Conseil général de l'Oise par la Société d'agriculture de Clermont*. Clermont (Oise). Daix frères. 1884. 1 brochure. — Bibliothèque administrative.

1405. Conseil général de l'Oise. *Rapport et avis du Préfet sur la transformation de la chambre consultative des Arts et Manufactures de Beauvais en Chambre de Commerce*. Beauvais. Imprimerie de *l'Indépendant de l'Oise*. 1888. 1 brochure. — Bibliothèque administrative.

1406. *Rapport présenté au Conseil général de l'Oise sur le Cours normal dirigé par les frères des Ecoles chrétiennes*. Beauvais. Pere. 1879. 1 brochure. — Bibliothèque administrative.

1407. *Rapport présenté au Conseil général de l'Oise sur la station agronomique*. Beauvais. Pere. 1885 et 1888. 2 brochures. — Bibliothèque administrative.

1408. *Rapport fait à la Société d'agriculture de Compiègne sur la session des Agriculteurs de France, en 1884*. Compiègne. Henry Lefebvre. 1884. 1 volume. — Bibliothèque administrative.

1409. CH. GALLOIS. — *L'impôt sur la betterave*. Compiègne. A. Mennecier et Cie. 1884. 1 brochure. — Bibliothèque administrative.

1410. *Production de la betterave riche*. Beauvais. C. Moisand. 1884. 1 brochure. — Bibliothèque administrative.

1411. *La betterave et le projet de loi sur les sucres*. Compiègne. A. Mennecier et Cie. 1884. 1 brochure. — Bibliothèque administrative.

1412. *Discours prononcé par M. le marquis de Thuisy au concours agricole de Guiscard, le 29 juin 1884*. Compiègne. A. Mennecier et Cie. 1884. 1 brochure. — Bibliothèque administrative.

1413. BOURGEOIS. — *Causes de la fièvre typhoïde dans l'arrondissement de Beauvais*. Paris. J.-B. Baillière. 1848. 1 volume. — Bibliothèque administrative.

1414. HENRI PRIOU. — *Les eaux potables de Compiègne*. Compiègne. A. Mennecier et Cie. 1886. 1 volume. — Bibliothèque administrative.

1415. ERNEST DUBOS. — *Etude statistique des maladies contagieuses et épizoo-
tiques observées dans le département de l'Oise de 1746 à 1886*. Beauvais. C. Moisand. 1888. 1 volume. — Bibliothèque administrative.

1416. Département de l'Oise. Asile public d'aliénés de Clermont. *Règlement.*
Clermont. Imprimerie du *Journal de Clermont*. 1 volume.— Bibliothèque administrative.

1417. Idem. *Rapport médical par MM. les Médecins en chef. Exercice 1887*.
Clermont. Imprimerie du *Journal de Clermont*. 1888. 1 brochure. —
Bibliothèque administrative.

1418. Idem. *Rapport du directeur, année 1887*. Clermont. Imprimerie du
Journal de Clermont. 1888. 1 brochure. — Bibliothèque administrative.

1419. *Puits préhistoriques de Nointel (Oise) découverts par M. l'abbé Barret.*
Beauvais. D. Pere. 1884. 1 brochure. — Bibliothèque administrative.

1420. L. PIHAN. — *Notice sur Eugène Bouly de Lesdain*. Beauvais. D. Pere.
1 brochure. — Bibliothèque administrative.

1421. Comte DE MARSY. — *La bannière de Beauvais*. Beauvais. D. Pere. 1887.
1 brochure. — Bibliothèque administrative.

1422. JULES CARON. — *En chemin de fer de Chauny à Coucy*. Noyon. D. Andrieux. 1 volume. — Bibliothèque administrative.

1423. ARMAND RENDU. — *D'un castellum romanum stativum à Montigny-lès-
Maignelay (Oise)*. Beauvais. Pere. 1873. 1 brochure. — Bibliothèque
administrative.

1424. H. DAUDIN. — *Le monde physique*. Beauvais. Imprimerie de *l'Indépendant de l'Oise*. 1884. 1 volume. — Bibliothèque administrative.

1425. L. MAGOIS. — *République ou décadence*. Compiègne. A. Mennecier et Cie.
1883. 1 volume. — Bibliothèque administrative.

1426. Ministère de l'Agriculture. *Concours agricole régional de Beauvais du
30 mai au 7 juin 1885*. Paris. Imprimerie nationale. 1884. 1 brochure.
— Bibliothèque administrative.

1427. Exposition de 1885. *Réponse faite par M. A. Dupont aux personnes
déléguées pour lui offrir la présidence de l'Exposition*. Beauvais.
Imprimerie de *l'Indépendant de l'Oise*. 1 brochure. — Bibliothèque
administrative.

1428. Ville de Beauvais. Exposition industrielle, scolaire et horticole de 1885.
Exposé-programme présenté par M. A. Dupont. Beauvais. D. Pere.
1 brochure. — Bibliothèque administrative.

1429. Ville de Beauvais. Exposition industrielle, horticole et scolaire. *Discours
d'ouverture prononcé par M. A. Dupont, le 28 mai 1885*. Beauvais.
D. Pere. 1 brochure. — Bibliothèque administrative.

1430. *Etudes sur les animaux exposés au concours régional de Beauvais, le
30 mai 1885*. Beauvais. C. Moisand. 1885. 1 volume. — Bibliothèque
administrative.

1431. *Concours régional hippique à Beauvais, du 4 au 7 juin 1885*. Beauvais.
Eugène Laffineur. 1885. 1 brochure. — Bibliothèque administrative.

1432. *Concours régional hippique de Beauvais en 1885. Liste des prix*. Beauvais. Eugène Laffineur. 1 brochure. — Bibliothèque administrative.

1433. Ville de Beauvais. Exposition industrielle, horticole, scolaire et artistique 1885. *Catalogue général officiel*. Beauvais. C. Moisand. 1885.
1 volume. — Bibliothèque administrative.

1434. *Idem. Liste officielle des récompenses décernées le 9 août 1885*. Beauvais. Imprimerie de *l'Indépendant de l'Oise*. 1885. 1 volume.—Bibliothèque administrative.

1435. Ville de Beauvais. *Concours national de gymnastique. Programme
général.* Beauvais. Imprimerie de *l'Indépendant de l'Oise.* 1 brochure.
— Bibliothèque administrative.

1436. Ville de Beauvais. *Compte rendu de l'Exposition industrielle, horticole
et scolaire de 1885.* Beauvais. Imprimerie de *l'Indépendant de l'Oise.*
1888. 1 brochure. — Bibliothèque administrative.

1437. *Le Brésil, ses débuts, son développement, sa situation économique, ses
échanges commerciaux, ses plantations de café.* Beauvais. C. Moisand.
1885. 1 volume. — Bibliothèque administrative.

1438. Ville de Beauvais. Exposition industrielle, agricole, horticole, scolaire et
artistique de 1885. *Le Brésil à Beauvais.* Beauvais. C. Moisand. 1885.
1 volume. — Bibliothèque administrative.

1440. *De la suppression des Octrois.* Beauvais. Pere. 1 brochure. — Bibliothèque administrative.

CATALOGUE

DE LA

BIBLIOTHÈQUE DES ARCHIVES DE L'OISE

12. *Almanach royal*. Paris. Laurent d'Houry. 1786. 1 volume.

60. *Procès-verbaux du Conseil général de l'Oise. 1883 à 1887*. Beauvais. E. Laffineur. 5 volumes.

62. *Recueil des Actes administratifs du département de l'Oise. 1883 à 1887*. Beauvais. E. Laffineur. 5 volumes.

102. *Mémoires de la Société académique de l'Oise*. Beauvais. Pere. Tome XII. 1 volume.

112. *Mémoires du Comité archéologique de Senlis. 1882-1886*. Senlis. Payen, Dufresne. 2 volumes.

124. *Mémoires du Comité archéologique de Noyon. 1885-1886*. Noyon. Andrieux. 2 volumes.

128. *Bulletin de la Société historique de Compiègne*. Compiègne. Lefebvre. Tome VI. 1 volume.

155. *Revue historique*. Paris. Germer-Baillière. Années 1883 à 1887. 17 volumes. Table de 1881 à 1885. 1 volume.

158. Ulysse Chevalier. — *Répertoire des Sources historiques du Moyen Age*. Paris. Société bibliographique. 1883. 1 volume.

180. Taine. — *Les origines de la France contemporaine. L'ancien Régime et la Révolution*. Paris. Hachette. 1885. 1 volume.

184. De Beaucourt. — *Histoire de Charles VII*. Tome III. Paris. Société bibliographique. 1885. 1 volume.

192. Comte de Marsy. — *Bibliographie picarde*. Amiens. Delattre-Lenoël. 1884. 1 volume.

210. P. Viollet. — *Les Etablissements de saint Louis*. Paris. Renouard, 1884. 1 volume.

248. Ad. Tardif. — *Notions élémentaires de critique historique*. Paris. Alphonse Picard. 1883. 1 volume.

249. P. Viollet. — *Précis de l'Histoire du droit français*. Paris. L. Larose et Forcel. 1884. 1 volume.

250. A. Maury. — *Les forêts de la Gaule et de l'ancienne France*. Paris. De Ladrange. 1867. 1 volume.

251. A. Luchaire. — *Histoire des Institutions monarchiques de la France sous les premiers Capétiens (987-1180)*. Paris. Imprimerie nationale. 1883. 2 volumes.

252, ERNEST DESJARDINS. — *Géographie historique et administrative de la Gaule romaine*. Tomes I, II et III. Paris. Hachette et Cie. 1883 et 1885. 3 volumes.

253. Comte DE MARSY. — *Obituaire et Livre des Distributions de l'Eglise cathédrale de Beauvais (XIIIme siècle)*. Beauvais. D. Pere. 1883. 1 volume,

254. PEIGNÉ-DELACOURT. — *Supplément à la notice sur le théâtre de Champlieu*. Noyon. D. Andrieux-Duru, 1859. 1 volume.

255. PEIGNÉ-DELACOURT. — *Un dernier mot sur le théâtre de Champlieu*. Noyon. D. Andrieux-Duru. 1860 1 volume.

256. P. DE FLEURY. — *La Collégiale de Saint-Thomas-le-Martyr-lès-Crépy. Coup d'œil sur l'histoire du Valois et principalement de Crépy, sa capitale, pendant le règne des Valois. Suivi du Mémoire historique sur le Valois, par M. Minet*. Senlis. Payen. 1884. 1 volume.

257, A. DE DION. — *Les Seigneurs de Breteuil en Beauvaisis*. (Extrait des Mémoires de la Société de Paris et de l'Ilo-de-France. Tome X. 1883.) Paris. 1884. 1 volume.

258. L'abbé BOUFFLET. — *Etude sur la naissance de saint Louis à La Neuville-en-Hez*. Clermont. Daix. 1879. 1 volume.

259. GRAVES. — *Notice archéologique sur le département de l'Oise*. Beauvais. A. Desjardins. 1856. 1 volume,

260. L'abbé BARRAUD. — *Beauvais et ses monuments pendant l'ère gallo-romaine et sous la domination franque*. Paris. Derache. 1861. 1 volume.

261, STANISLAS DE SAINT-GERMAIN. — *Notice historique et descriptive sur l'église Saint-Etienne de Beauvais*. Beauvais. A. Desjardins. 1843. 1 volume.

262, PONTSEVREZ. — *Beauvais délivré (Juin 1472)*. Paris. Librairie des Bibliophiles. 1884. 1 volume.

263. ALPHONSE ROSEROT. — *La famille d'Argillières en Picardie et en Champagne*. Arcis-sur-Aube. Frémont. 1884. 1 volume.

264. *Bulletin des Bibliothèques et des Archives*. Paris. H. Champion, 1884 à 1887. 4 volumes.

265. L'abbé MOREL. — *La maison d'Avène de Fontaine et de Roberval*. Amiens. Delattre-Lenoël. 1884, 1 volume.

266, J. QUICHERAT. — *Histoire du costume en France depuis les temps les plus reculés jusqu'à la fin du XVIIIe siècle*. Paris. Hachette. 1877. 1 volume.

267. L'abbé P. FERET. — *L'Abbaye de Sainte-Geneviève et la Congrégation de France, précédées de la vie de la patronne de Paris*. Paris. Champion. 1883. 2 volumes.

268. *Bulletin du comité des travaux historiques et scientifiques. (Section d'histoire et de philologie. Année 1884, n° 1)*. (Communication de documents inédits relatifs à Calvin, par M. Coüard-Luys, archiviste de l'Oise.) Paris. Imprimerie nationale. 1884. 1 brochure.

269. Comte DE MARSY. — *La peste à Compiègne, XVe, XVIe et XVIIe siècles*. Amiens. Delattre-Lenoël. 1884. 1 brochure.

270. *Dictionnaire de l'Académie française (7me édition)*. Paris. Firmin-Didot et Cie. 1878. 2 volumes.

271. J. QUICHERAT. — *Histoire de Sainte-Barbe*. Tomes I, II et III. Paris. Hachette. 1860, 1862 et 1864. 3 volumes.

272. CHARLES MUTEAU. — *Les écoles et collèges en province depuis les temps les plus reculés jusqu'en 1789*. Paris. A. Chevalier-Maresq. 1882. 1 volume,

273. Charles Desmaze. — *L'Université de Paris (1200-1875)*. Paris. Charpentier et Cⁱᵉ. 1876. 1 volume.

274. *Bulletin de la Société de l'Histoire de Paris et de l'Ile-de-France*. Paris. H. Champion. 1874 à 1887. 14 volumes.
Table décennale de 1874 à 1888. 1 volume.

275. *Mémoires de la Société de l'Histoire de Paris et de l'Ile-de-France*. Tomes I à XIV. Paris. H. Champion. 1875 à 1888. 14 volumes.

276. *Publications de la Société de l'Histoire de Paris et de l'Ile-de-France*.
A. Longnon. — *Paris pendant la domination anglaise (1420-1436)*. 1878. 1 volume.
Emile Campardon. — *Les comédiens du Roi de la Troupe française pendant les deux derniers siècles*. 1879. 1 volume.
Alexandre Tuetey. — *Journal d'un Bourgeois de Paris (1405-1449)*. 1881. 1 volume.
A. Longnon. — *Documents parisiens sur l'iconographie de saint Louis*. 1882. 1 volume.
Gustave Saige. — *Journal des guerres civiles de Dubuisson-Aubenay*. *(1648-1652)*. Tome I. Paris. H. Champion. 1883. 1 volume.

277. *La Procession de la Ligue sortant de l'Arcade Saint-Jean*. Phototypie. 1876-1877. 1 feuille.
Projet pour la construction du Pont-Neuf. 1578. Phototypie. 1876-1877. 1 feuille.
Vue de l'abbaye de Saint-Antoine. XVᵐᵉ siècle. 1 feuille.
Plan de la censive de Saint-Germain-l'Auxerrois. XVIᵐᵉ siècle. 1 feuille.
Plan de Paris sous le règne de Henri II, par Olivier Truschet et Germain Hoyau. 1877. 8 feuilles.

278. *Cahiers des États-Généraux*. Tomes I à VII. (Archives parlementaires de 1787 à 1860. — 1ʳᵉ série de 1787 à 1799.) Paris. Paul Dupont. 1879-1880. 7 volumes.

279. *Mémoires de la Société des antiquaires de Picardie*. Tomes III, IV, VII et VIII. Amiens. Duval et Herment. 1856, 1855, 1869 et 1871. 4 volumes.

280. *Almanach du département de l'Oise. Année bissextile 1792 et IIIᵉ de la liberté*. Beauvais. Desjardins. 1 volume.

281. Lecoy de la Marche. — *Les manuscrits et la miniature*. Paris. A. Quantin. 1 volume.

282. Fr. Lenormant. — *Monnaies et médailles*. Paris. A. Quantin. 1 volume.

283. Hippolyte Cocheris. — *Origine et formation de la langue française*. Paris. Delagrave. 1881. 1 volume.

284. Albert Babeau. — *Les voyageurs en France depuis la Renaissance jusqu'à la Révolution*. Paris. Firmin-Didot et Cⁱᵉ. 1885. 1 volume.

285. Hippolyte Cocheris. — *Origine et formation des noms de lieu*. Paris. Ch. Delagrave. 1881. 1 volume.

286. Th. Lemas. *Un département pendant l'Invasion. 1870-1871*. Paris. Fischbacher. 1884. 1 volume.

287. Gilbert. — *Notice historique et descriptive de l'Église cathédrale de Saint-Pierre de Beauvais*. Beauvais. Moisand. 1829. 1 volume.

288. Emmanuel Woillez. — *Description de la Cathédrale de Beauvais*. Paris. Derache. 1838. 1 volume.

289. L'abbé Lebeuf. — *Histoire de la Ville et de tout le Diocèse de Paris*. Tomes I à V. Paris. Féchoz et Letouzey. 1883. 5 volumes.

290. Achille Luchaire. — *Études sur les Actes de Louis VII*. Paris. A. Picard. 1885. 1 volume.

291. F. LAFERRIÈRE. — *Essai sur l'Histoire du Droit français depuis les temps anciens jusqu'à nos jours, y compris le Droit public et privé de la Révolution française.* Tomes I et II. Paris. Guillaumin et Cie. 1885. 2 volumes.

292. JULES QUICHERAT. — *Mélanges d'Archéologie et d'Histoire.* Tomes I et II. Paris. A. Picard. 1885 et 1886. 2 volumes.

293. CHARLES DESMAZE. — *Le Châtelet de Paris.* Paris. Didier et Cie. 1870. 1 volume.

294. HENRI DE L'EPINOIS. — *Notes extraites des archives communales de Compiègne.* (Extrait de la Bibliothèque de l'Ecole des Chartes.) 1863. 1 brochure.

295. Ministère de l'Instruction publique et des Beaux-Arts. *Lois, instructions et règlements relatifs aux archives départementales, communales et hospitalières.* Paris. H. Champion. 1884. 1 volume.

296. *Idée de la vie et de l'esprit de Messire Nicolas Choart de Buzanval, Evêque et Comte de Beauvais, Vidame de Gerberoy, Pair de France.* A Paris, chez François Barrois, rue de la Harpe. M.DCC.XV.II. 1 volume.

297. J. TREMBLAY. — *Notice sur la Ville et les Cantons de Beauvais,* publiée sur la demande de M. le Maire de Beauvais et aux frais de la ville. Beauvais. Desjardins. 1815. 1 volume.

298. AUG. BAUDON. — *Mémoire sur les silex travaillés dans l'atelier du Camp-Barbet, à Janville, canton de Mouy (Oise).* Beauvais. D. Pere. 1873. 1 volume.

299. L'abbé BARRAUD. — *Notice sur la Mître épiscopale.* Beauvais. Victor Pineau. 1866. 1 brochure.

300. L'abbé BARRAUD. — *Notice sur les instruments de Paix.* Paris. Derache. 1865. 1 brochure.

301. L'abbé BARRAUD. — *Notice archéologique et liturgique sur les Ciboires.* Paris. Derache. 1858. 1 brochure.

302. L'abbé BARRAUD. — *Notice sur les Confessionnaux.* Caen. F. Le Blanc-Hardel. 1868. 1 brochure.

303. L'abbé BARRAUD. — *Des gants portés par les Evêques, par d'autres membres du Clergé et même par des laïques dans les cérémonies religieuses.* Caen. Le Blanc-Hardel. 1867. 1 brochure.

304. L'abbé BARRAUD. — *Mausolée du Cardinal de Janson à la Cathédrale de Beauvais.* Beauvais. Victor Pineau. 1868. 1 brochure.

305. L'abbé BARRAUD. — *Note sur un tronc en cuivre du XVIme siècle et sur un réchaud en fer de la même époque qui appartiennent à la Cathédrale de Beauvais.* Beauvais. Victor Pineau. 1863. 1 brochure.

306. L'abbé BARRAUD. — *Notice sur l'église et la paroisse de Saint-Gilles, à Beauvais.* Beauvais. Victor Pineau. 1863. 1 brochure.

307. L'abbé BARRAUD. — *Notice archéologique et liturgique sur l'encens et les encensoirs.* Caen. A. Hardel. 1860. 1 brochure.

308. CHARLES SALMON. — *Actes inédits de saint Lucien, premier évêque de Beauvais.* Amiens. A. Douillet et Cie. 1880. 1 volume.

309. Ministère de l'Instruction publique et des Beaux-Arts. *Bulletin du Comité des travaux historiques et scientifiques (Section des sciences économiques et sociales). Années 1883-1884.* Paris. Imprimerie nationale. 1883-1884. 2 volumes.

310. C. LEBER. — *Essai sur l'appréciation de la fortune privée au Moyen Age.* Paris. Guillaumin et Cie. 1847. 1 volume.

311. PAUL BOITEAU. — *Etat de la France en 1789.* Paris. Perrotin. 1861. 1 volume.

312. H. GOURDON DE GENOUILLAC. *Dictionnaire des fiefs, seigneuries, châtelle-nies, etc., de l'ancienne France.* Paris. E. Dentu. 1862. 1 volume.

313. GUSTAVE FAGNIEZ. — *Etudes sur l'industrie et la classe ouvrière à Paris.* Paris. F. Vieweg. 1877. 1 volume.

314. GABRIEL COMPAYRÉ. — *Histoire critique des doctrines de l'éducation en France depuis le seizième siècle.* Paris. Hachette et Cie. 1883. 2 volumes.

315. JOSEPH FABRE. — *Jeanne d'Arc libératrice de la France.* Paris. Ch. Dela-grave. 1884. 1 volume.

316. JOSEPH FABRE. — *Procès de condamnation de Jeanne d'Arc.* Paris Ch. Delagrave. 1884. 1 volume.

317. *Maître Jacques à travers Noyon.* Noyon. G. Andrieux. 1884. 1 volume.

318. L. MERLET. — *Dictionnaire des noms vulgaires des habitants de diverses localités de France.* Chartres. Petrot-Garnier. 1884. 1 volume.

319. OCTAVE RAGUENET DE SAINT-ALBIN. — *Joseph Etienne Vaslin, annaliste de l'Eglise de Beauvais, 1690-1771.* Orléans. Paul Colas. 1884. 1 bro-chure.

320. H. PIGEONNEAU. — *Histoire du commerce de la France.* Paris. L. Cerf. 1885. 1 volume.

321. P. BONNASSIEUX. — *Les Assemblées représentatives du commerce sous l'ancien régime.* (Extrait de la Revue générale d'administration. Mai 1883.) Paris. Berger-Levrault. 1883. 1 volume.

322. EMILE COËT. *Éphémérides de Compiègne et des environs.* Compiègne. A. Mennecier et Cie. 1885. 1 volume.

323. Ministère de la Marine et des Colonies. *Actes officiels. — Rapport au Ministre. Cadres de classement.* Paris. Imprimerie nationale. 1884. 1 volume.
Rapport au Ministre sur les Archives des ports. Cadres de classement. Paris. Imprimerie nationale. 1885 et 1886. 2 volumes.

324. L'abbé EUG. MÜLLER. — *Monographie des rues, places et monuments de Senlis.* Senlis. Ernest Payen. 1880. 1 volume.

325. E. COÜARD-LUYS. — *Discours prononcé à Bresles. — Variétés. — Mission de Martin Chambige à Senlis en 1504.* Beauvais. 1884. 1 volume.

326. J. ADELINE. — *Lexique des termes d'Art.* — Paris. A. Quantin. 1 volume.

327. GERSPACH. — *L'Art de la Verrerie.* Paris. A. Quantin. 1 volume.

328. A. DE CHAMPEAUX. — *Le Meuble (Antiquité, Moyen Age et Renaissance).* Tome I. Paris, A. Quantin. 1 volume.

329. EUG. MÜNTZ. — *La Tapisserie.* Paris. A. Quantin. 1 volume.

330. A. GASQUET. — *Précis des Institutions politiques et sociales de l'ancienne France.* Tomes I et II. Paris. Hachette et Cie. 1885. 2 volumes.

331. ADOLPHE TARDIF. — *La procédure civile et criminelle aux XIIIme et XIVme siècles.* Paris. A. Picard et Larose et Forcel. 1885. 1 volume.

332. A. GIRY. — *Documents sur les relations de la Royauté avec les villes en France de 1180 à 1314.* Paris. A. Picard. 1885. 1 volume.

333. *Liste des Juges et Consuls de la ville de Beauvais.* Beauvais. P. N. Des-jardins. 1767. 1 brochure.

334. *Commission des Antiquités et des Arts du département de Seine-et-Oise.* 8e volume. Versailles. Cerf et fils. 1888. 1 volume.

335. COTELLE. — *Mémoire ayant pour objet d'honorer le souvenir, en la ville de Beauvais, du savant Biot.* Beauvais. Pere. 1 brochure.

336. *Revue de l'Art français ancien et moderne. 1re et 2me année.* Paris. Cha-ravay frères. 1884 et 1885. 2 volumes.

337. Dr BONNEJOY. — *Les pierres à broyer les grains chez les Celtes et les Romains. Objets trouvés à Chars-en-Vexin (Seine-et-Oise).* Paris. Berthier. 1882. 1 brochure.

338. *Mémoires et Documents publiés par la Société archéologique de Rambouillet.* Tome VII. Beauvais. Pere. 1883. 1 volume.

338 bis. *Catalogue général de la Bibliothèque communale de Liancourt (Oise). 1880.* Clermont. Imprimerie du *Journal de Clermont.* 1880. 1 brochure.

339. PIERRE LOUVET. — *Histoire de la ville et cité de Beauvais et des antiquitez du pays de Beauvaisis avec une chronologie des évesques, abbez et abbayes d'iceluy.* Rouen. Manassez de Préalis. 1614. 1 volume.

340. *Suite du premier tome du Théâtre de l'Univers ou abrégé du Monde.* Paris. Antoine Robinot. 1646. 1 volume.

341. *Nomenclatura beneficiorum diœcesis Bellovacensis. — Nomenclatura et chronologia Pontificum, dignitatum et abbatum diœcesis Belvacensis. — Breve ecclesiasticorum monimentum diœcesis Belvacensis ex variis Kalendariis collectum.* 1 plaquette.

342. *Description des Élections de Beauvais et de Pontoise, extraite de la description de la Généralité de Paris. 1759.* 1 volume.

343. ROBERT VUYART. — « *Histoire de l'abbaye de Notre-Dame de Breteuil, diocèse de Beauvais. 1760.* » Copie exécutée par Graves en 1842. 1 volume.

344. PIERRE MOURET. — *Histoire de Breteuil faite en l'année 1821.* 1 volume.

345. *Description historique des reliques et monuments remarquables qui sont dans l'église de l'abbaye royale de Saint-Corneille de Compiègne.* Paris. Valleyre l'aîné. 1770. 1 volume.

346. LOUIS HUBERT. — *Crèvecœur-le-Grand. Terre et Seigneurie. Etudes historiques et esquisses biographiques.* Saint-Quentin. Jules Moureau. 1870. 1 volume.

347. AL. DE LA FONS, B^{on} DE MÉLICOCQ. — *Recherches historiques sur Noyon et le Noyonnais.* Noyon. Soulas-Amoudry. 1839. 1 volume.

348. *Almanach historique de la ville et du diocèse de Senlis contenant aussi la nomenclature des personnes en places des villes de Compiègne, Pontoise, Clermont, Beaumont-sur-Oise et des principaux lieux du ressort du Présidial de la dite ville.* Senlis. N. L. F. des Rocques. 1787. 1 volume.

349. *Recueil de différentes pièces pour servir à l'histoire du Valois, extraites et recueillies par les soins de Mons. le Président Minet et de M. l'abbé Carlier.* 1744. 1 volume.

350. *Recueil des antiquités bellovaques conservées dans le cabinet de M. Houbigant, à Nogent-les-Vierges.* Beauvais. Desjardins. 1860. 1 volume.

351. PEIGNÉ-DELACOURT. — *La Chasse à la haie.* Paris. Vve Bouchard-Huzard. 1858. 1 volume.

352. PEIGNÉ-DELACOURT. — *L'origine des noms de Bruxelles et de Louvain attribuée à d'anciens appareils de chasse à la haie.* Namur. Ad. Wesmael-Charlier. 1871. 1 plaquette.

353. TH. BONNIN. — *Regestum visitationum archiepiscopi Rothomagensis.* Journal des visites pastorales d'Eudes Rigaud, archevêque de Rouen (1248-1269). Rouen. Auguste Le Brument. 1852. 1 volume.

354. *Le nouveau Traité de diplomatique par les Bénédictins de la congrégation de Saint-Maur.* Tomes I, II, III, IV et V. Paris. Guillaume Desprez. 1750-1762. 5 volumes.

355. *Un Recueil de lettres adressées par A. Le Prévost à L. Graves, ancien Secrétaire général de la Préfecture de l'Oise.* 1 volume.

356. *Un portefeuille contenant divers cahiers et notes manuscrites ayant appartenu ou se rapportant à L. Graves.*

357. M. R. CAGNAT. — *Cours élémentaire d'épigraphie latine.* Paris. Ernest Thorin. 1886. 1 volume.

358. HIPPOLYTE BLANC. — *Bibliographie des corporations ouvrières avant 1789.* Paris. Société bibliographique. 1885. 1 volume.

359. DOUËT D'ARCQ. — *Notice biographique et bibliographique.* Paris. A. Picard. 1885. 1 volume.

360. R. DELACHENAL. — *Histoire des avocats au Parlement de Paris (1300-1600).* Paris. Plon. 1885. 1 volume.

361. L'abbé L. PIHAN. — *Beauvais, sa Cathédrale, ses principaux Monuments.* Beauvais. H. Trézel. 1885. 1 volume.

362. LÉON FENET. — *Nouveau plan de Beauvais.* Beauvais. H. Trézel. 1885. 1 volume.

363. Ministère de l'Instruction publique. — *Annuaires des Bibliothèques et des Archives pour 1886, 1887 et 1888.* Paris. Hachette et Cie. 1886, 1887 et 1888. 3 volumes.

364. L. A. GORDIÈRE. — *Le Prieuré de Saint-Amand.* Compiègne. Henri Lefebvre. 1886. 1 volume.

365. J. BROSSARD et CH. JARRIN. — *Cartulaire de Bourg-en-Bresse, précédé d'un Essai sur l'Histoire de Bourg.* Bourg-en-Bresse. Chambaud. 1882. 1 volume.

366. L'abbé GROSS. — *Histoire civile et religieuse de la Ville de Crépy-en-Valois, précédée d'une description topographique et archéologique du duché de Valois.* Senlis. E. Payen. 1881. 1 volume.

367. L'abbé GROSS. — *Notice sur Lévignen et ses environs.* Bar-le-Duc. Bertrand. 1878. 1 volume.

368. L'abbé GROSS. — *Extrait d'une notice sur Lévignen et sa seigneurie.* Senlis. E. Payen. 1878. 1 volume.

369. L'abbé GROSS. — *Notice sur Mgr Lallemand de Betz (Jacques-Charles-Alexandre), visiteur général des Carmélites, supérieur des Ursulines et évêque de Séez.* Bar-le-Duc. Bertrand. 1879. 1 volume.

370. E. CAILLETTE DE L'HERVILLIERS. — *Compiègne, sa forêt, ses alentours. Etudes et souvenirs historiques et archéologiques suivis de documents relatifs à la vie du B. Simon, comte de Crespy et d'Amiens.* Compiègne. 1869. 1 volume.

371. Dr DOUVILLÉ. — *Topographie physique et médicale de Compiègne.* Anvers. (Belgique). J. E. Buschmann. 1881. 1 volume.

372. NOËL VALOIS. — *Inventaire des arrêts du Conseil d'État (Règne de Henri IV).* Tome Ier. Paris. Imprimerie nationale. 1886. 1 volume.

373. A. RENDU. — *Les Castellata du Castellum de Montigny-lès-Maignelay (Oise).* Amiens. A. Douillet et Cie. 1883. 1 volume.

374. A. RENDU. — *Le Fort de Tricot (Oise).* Clermont. Daix frères. 1886. 1 volume.

375. *Mandements d'évêques de Picardie.* 1 volume.

376. DAMIN. — *Le Voyageur curieux et sentimental.* Toulouse. Manavit fils. An VIII. 1 volume.

377. LÉON EWIG. — *Compiègne et ses environs.* Compiègne. J. Dubois fils. 1860. 1 volume.

378. A. LECOY DE LA MARCHE. — *La Chaire française au Moyen Age, spécialement au XIIIme siècle.* Paris. H. Laurens. 1886. 1 volume.

379. H. FORNERON. — *Histoire générale des émigrés pendant la Révolution française.* Tomes I et II. Paris. Plon, Nourrit et Cie. 1884. 2 volumes.

380. HENRI BOUCHOT. — *Le Livre. — L'Illustration. — La Reliure. — Etude historique sommaire.* Paris. A. Quantin. 1 volume.

381. AUG. LONGNON. — *Polyptyque de l'abbaye de Saint-Germain-des-Prés, rédigé au temps de l'abbé Irminon et publié d'après le manuscrit de la Bibliothèque nationale.* Paris. H. Champion. 1886. 1 volume.

382. CERUTTI. — *Les Jardins de Betz*. Poème. Paris. Desenne. 1792. 1 volume.

383. *Vie politique et privée de Louis-Joseph de Condé, Prince du sang*. Chantilly et Paris. 1790. 1 volume.

384. L. E. DELADREUE et L. PIHAN. — *Géographie physique et historique du département de l'Oise*. (Extrait de l'Annuaire de l'Oise.) Beauvais. D. Pere. 1886. 1 volume.

385. Ministère de l'Instruction publique et des Beaux-Arts. *Catalogue des manuscrits conservés dans les dépôts d'archives départementales, communales et hospitalières*. Paris. Plon, Nourrit et Cⁱᵉ. 1886. 1 volume.

386. V. BOUTON. — *La Pelouse de Chantilly et la commune de Gouvieux* (autographie). 1 cahier.

387. LEFEBVRE SAINT-OGAN. — *Compiègne*. Paris. Quantin. 1887. 1 volume.

388. Le chanoine L. PIHAN. — *Histoire de Saint-Just-en-Chaussée (Oise)*. Beauvais. D. Pere. 1885. 1 volume.

389. E. COÜARD-LUYS. — *Le Collége de Clermont-en-Beauvaisis, ses origines et ses principaux, du XVIᵐᵉ siècle à la Révolution*. Paris. Société de l'Histoire de Paris et de l'Ile-de-France. 1 volume.

390. EUGÈNE DESPOIS. — *Le Vandalisme révolutionnaire, fondations littéraires et artistiques de la Convention*. Paris. Félix Alcan. 1885. 1 volume.

391. ALFRED DANTÈS. — *Dictionnaire biographique et bibliographique*. Paris. Aug. Boyer et Cⁱᵉ. 1875. 1 volume.

392. EMILE CAMPARDON. — *Le Tribunal révolutionnaire de Paris, ouvrage composé d'après les documents originaux conservés aux archives de l'Empire*. Paris. Henri Plon. 1866. 2 volumes.

393. JULES TARDIF. — *Archives de l'Empire, Inventaires et Documents. Monuments historiques*. Paris. J. Claye. 1866. 1 volume.

394. ALPHONSE TARDIF. — *Histoire des sources du Droit canonique*. Paris Alph. Picard. 1887. 1 volume.

395. SPIRE BLONDEL. — *L'Art pendant la Révolution*. Paris. H. Laurens. 1 volume.

396. ABEL LEFRANC. — *Histoire de la ville de Noyon et de ses institutions jusqu'à la fin du XIIIᵉ siècle*. Paris. E. Bouillon et E. Vieweg. 1887. 1 volume.

397. F. A. AULARD. — *Les orateurs de la Législative et de la Convention*. Paris. Hachette et Cⁱᵉ. 1885. 2 volumes.

398. LITTRÉ et BEAUJEAN. — *Dictionnaire de la langue française, avec un supplément d'Histoire et de Géographie*. Paris. Hachette et Cⁱᵉ. 1886. 1 volume.

399. H. WALLON. — *Histoire du Tribunal révolutionnaire de Paris, avec le journal de ses actes*. Paris. Hachette et Cⁱᵉ. 1880-1882. 6 volumes.

400. H. WALLON. — *La Révolution du 31 mai et le fédéralisme en 1793, ou la France vaincue par la commune de Paris*. Paris. Hachette et Cⁱᵉ. 1886. 2 volumes.

401. F. A. AULARD. — *La Révolution française. Revue historique*. Paris. Charavay frères. 1888. 4 fascicules.

402. HENRI WELSCHINGER. — *Le duc d'Enghien. 1772-1804*. Paris. Plon-Nourrit et Cⁱᵉ. 1888. 1 volume.

403. L'abbé EUG. MÜLLER. — *Guide dans les Rues et Environs de Senlis*. Senlis. Ernest Payen. 1887. 1 volume.

404. G. BONET-MAURY. — *Les origines de la Réforme à Beauvais. 1532-1568*. Paris. Ch. Meyrueis. 1874. 1 volume.

405. Marquis DE FLEURY. — *Voyage de Regnault des Fontaines, gouverneur et bailly du Valois, à Crépy-en-Valois, en avril et mai 1432*. Paris. 1888. 1 volume.

406. L. Lex et P. Siraud. — *Le Conseil général et les Conseillers généraux de Saône-et-Loire (1789-1889)*. Mâcon. Belhomme. 1888. 1 volume.

407. Ernest Charvet. — *L'affaire de M° Raoul Foy* (Extrait des mémoires de la Société académique de l'Oise). Beauvais. D. Pere. 1883. 1 volume.

408. A. Bellou. — *Notice historique et archéologique sur le bourg de Forme-rie (Oise)*. Beauvais. D. Pere. 1886. 1 volume.

409. Comte de Marsy. — *Le Château de Montataire*. Compiègne. Henry Lefebvre. 1886. 1 volume.

410. E. Charvet. — *La pinte-étalon du Musée de Beauvais*. Beauvais. D. Pere. 1882. 1 brochure.

411. Comte de Marsy. — *La bannière de Beauvais*. Beauvais. D. Pere. 1887. 1 brochure.

412. L'abbé Eug. Müller. — *Essai sur les sources hagiographiques de la vie de saint Lucien*. Senlis. Ernest Payen. 1878. 1 volume.

413. L'abbé Eug. Müller. — *Étude sur le Missel de Chauny*. Chauny. Visbecq et Trouvé. 1 brochure.

414. L'abbé Eug. Müller. — *Quelques notes de voyage. — Cuise-la Motte...; Betz et les environs ; La Ferté-Milon*. Senlis. E. Dufresne. 1884. 1 brochure.

415. L'abbé Eug. Müller. — *Le cardinal Jean Cholet*. Beauvais. D. Pere. 1883. 1 brochure.

416. L'abbé Eug. Müller. — *De l'apostolat de saint Rieul, premier évéque de Senlis*. Tours. Paul Bouserez. 1 brochure.

417. Léon Mazière. — *Notes sur le monnayage épiscopal noyonnais*. Noyon. G. Andrieux. 1887. 1 brochure.

418. Bertrandy-Lacabane. — *Essais et notices pour servir à l'histoire du département de Seine-et-Oise. — Brétigny-sur-Orge*. Versailles. Cerf et fils. 1886. 1 volume.

419 *Notice sur Compiègne et ses environs*. Compiègne. A. Mennecier et Cⁱ°. 1888. 1 brochure.

420. Comte de Maricourt. — *Bible et Préhistoriens*. Paris. Victor Palmé. 1882. 1 volume.

INVENTAIRES SOMMAIRES DES ARCHIVES DÉPARTEMENTALES

421. *Ain*. — Série C. 1 volume. 1884, par M. J. Brossard.

422. *Aisne*. — Séries A et B. 1 volume. 1874,
     — B à F. 1 volume. 1878,   } par M. Matton.
     — G et H. 1 volume. 1884-1885,

423. *Allier*. — Séries A et B. 1 volume. 1883, par M. A. Chazaud.

424. *Alpes (Hautes-)*. — Séries A à C. 1 volume. 1887, par M. l'abbé Guillaume.

425. *Ardèche*. — Séries A à D. 1 volume. 1877, par M. Mamarot.

426. *Ardennes.* — Séries G à I. 1 vol. 1888, par MM. Senemaud et Paul Laurent.

427. *Aube.* — Séries C et D. 1 volume. 1864, par M. D'Arbois de Jubainville.
     — E (art. 1 à 1223). 1 volume. 1884, par M. Alphonse Roserot.
     — G (art. 1 à 2544). 1 volume. 1873, par M. D'Arbois de Jubainville.

428. *Aude.* — Série B (art. 1 à 2158). 1 volume. 1864, par M. Mouynès.

429. *Aveyron.* — Séries B à D. 1 volume. 1866, par M. Affre.
     — E (art. 1 à 2036). 1 vol. 1877, —

430. *Bouches-du-Rhône.* — Série B. 2 volumes. 1875 et 1879, par M. Blancard.
     — C (art. 1 à 985). 1 vol. 1884, —

431. *Calvados.* — Série C. 2 volumes. 1877 et 1883, par M. Chatel.
     — C (art. 2248 à 2975). 1 vol. 1887, par MM. Chatel et Bénet.

432. *Charente.* — Séries C à E. 1 volume. 1880, par MM. Babinet de Rencogne et P. de Fleury.
     — E (art. 967 à 1385). 1 vol. 1887, par M. P. de Fleury.

433. *Charente-Inférieure.* — Séries C à H. 1 volume. 1877, ⎫ par M. Meschinet
     — H supplém. 1 vol. 1882, ⎬ de Richemond.

434. *Cher.* — Séries A et B. 1 volume. 1883, par MM. Barberaud et Boyer.
     — B à E (art. 1 à 1031). 1 volume. 1885, par MM. Boyer et Dauvois.

435. *Corrèze.* — Séries A et B. 1 volume. 1869, par M. Lacombe.
     — B à H. 1 volume. 1874, —

436. *Côte-d'Or.* — Série B. 1 volume. 1863, par M. Rossignol.
     — B. 1 volume. 1864, par MM. Rossignol et Garnier.
     — B. 3 volumes. 1873 et 1878, par M. Garnier.
     — C. 3 vol. 1880, 1883 et 1886, —

437. *Côtes-du-Nord.* — Séries A à E. 1 volume. 1866, par M. Lamarre.

438. *Creuse.* — Séries C à E. 1 volume. 1885, par MM. Bosvieux, A. Richard, Duval et Autorde.

439. *Dordogne.* — Séries A et B. — 1 vol. 1882, par MM. Dessalles et Villepelet.

440. *Doubs.* — Série B. 2 volumes. 1883 et 1887, par M. Jules Gauthier.
     — C à E (art. 1 à 1687). 1870, par M. Babey.

441. *Drôme.* — Séries A à C. 1 volume. 1865, ⎫
     — D et E. 1 volume. 1872, ⎪
     — E et E supplément. 1 volume. 1879, ⎬ par M. Lacroix.
     — E supplément. 1 volume. 1886, ⎭

442. *Eure.* Série G. 1 volume. 1886, par M. Bourbon.

443. *Eure-et-Loir.* — Séries A à D. 1 volume. 1863, ⎫ par M. Merlet.
     — E supplém. 2 vol. 1871 et 1877, ⎭

444. *Gard.* — Série C. 1 volume. 1865, ⎫
     — E. 1 volume. 1888, ⎪
     — G. 1 volume. 1876, ⎬ par M. Bossot de Lamothe.
     — H. 1 volume. 1877, ⎭

444. *Garonne (Haute-).* — Séries A et B. 1 volume. 1867, par M. Judicis.
     — C (art. 1 à 2275). 1 volume. 1878, par M. Baudouin.

446. *Gironde.* — Série C (art. 1 à 3132). 1 vol. 1877, par MM. Gras et Gouget.

447. *Hérault.* — Série C. 1 volume. 1865, par M. Thomas.
     — C. 1 volume. 1887, par M. de la Cour de la Pijardière.

448. *Ille-et-Vilaine.* — Série C. 1 volume. 1878, par M. Quesnet.

449. *Indre.* — Série H. 1 volume. 1876, par M. Hubert.

450. *Indre-et-Loire.* — Série A à E. 1 volume. 1878, ⎫ par M. Loizeau de
     — G. 1 volume. 1882, ⎭ Grandmaison.

451. *Isère.* — Séries A et B. 1 volume. 1864, par M. Pilot-Dethorey.

Isère. — Série B (suite). 1 vol. 1886, par MM. Pilot-Dethorey et Prudhomme.

452. *Jura.* — Séries C à E. 1 volume. 1870, par MM. Rousset, Junca et Finot.

453. *Landes.* — Séries A à H. 1 volume. 1868, par M. Tartière.

454. *Loir-et-Cher.* — Séries C à E supplément. 1 volume. 1887, par MM. de Fleury, Bournon et Roussel.

455. *Loire.* — Séries A et B. 1 volume. 1870, par M. Chaverondier.

456. *Loire-Inférieure.* — Séries A et B. 1 volume. 1865, par M. Ramet.
— E, G et H. 2 volume. 1879 et 1884, par M. Léon Maître.

457. *Loiret.* — Série A. 1 volume. 1878, par MM. Maupré et Doinel.
— B et C. 1 volume. 1886, par M. Doinel.

458. *Lot.* — Séries A et B. 1 volume. 1883, par M. L. Combarieu.
— B et C. 1 volume. 1887, —

459. *Lot-et-Garonne.* — Séries A à H. 1 volume. 1878, par MM. Crozet, Bosvieux et Tholin.

460. *Lozère.* — Série C. 1 volume. 1876, par M. Ferd. André.
— G. 1 volume. 1882, —

461. *Maine-et-Loire.* — Série E et E supplément. 2 vol. 1871 et 1885, par M. Port.
— G. 1 volume. 1880, —

462. *Manche.* — Série A. 1 volume. 1865, par M. Dubosc.
— H. 2 volumes. —

463. *Marne.* — Série C. 1 volume. 1884, par MM. Hatat, Vétault et Pélicier.

464. *Mayenne.* — Série B (art. 1 à 2271). 1 volume. 1882, par MM. Duchemin et de Martonne.

465. *Meurthe-et-Moselle.* — Série B. 2 volumes. 1870-1873 et 1875,
— B à E. 1 volume. 1877-1879, par M. Lepage.
— G et H. 2 vol. 1880-1881 et 1883,
Table des matières, 1 volume. 1886,

466. *Meuse.* — Série B (art. 1 à 3160). 1 volume. 1875, par M. Marchal.

467. *Morbihan.* — Série B (art. 1 à 3099). 1 volume. 1877, par M. Rosenzweig.
— E supplément. 1 volume. 1881, —
— E — 1 volume. 1887, par MM. Rosenzweig et Estienne.

468. *Nord.* — Série B. 1 volume. 1865, par MM. Leglay et Desplanque.
— B. 1 volume. 1872, par M. Desplanque.
— B. 2 volumes. 1877 et 1881, par M. l'abbé Dehaisne.
— B. 2 volumes. 1885 et 1888, par M. Finot.

469. *Oise.* — Série G. 1 volume. 1878, par MM. G. Desjardins et Rendu.
— H. 1 volume. 1888, par MM. Rendu et Coüard-Luys.

470. *Pas-de-Calais.* — Série A. 2 volumes. 1878 et 1885, par M. J.-M. Richard.
— B (art. 1 à 998). 1 volume. 1875, par MM. Godin et Cottel.
— C (art. 1 à 791). 1 volume. 1882, par M. J.-A. Cottel.

471. *Pyrénées (Basses).* — Séries A et B. 1 volume. 1863,
— B. 1 volume. 1876,
— C et D. 1 volume. 1865,
— E. 1 volume. 1867, par M. Raymond.
— E et E supplément. 1 volume. 1873,
— G et H supplément. 1 volume. 1864,

472. *Pyrénées (Orientales).* — Série B. 1 volume. 1868 (1886), par M. Alart.
— C. 1 volume. 1877, —

473. *Rhône.* — Séries A à E. 1 volume. 1864. par M. Gauthier.

474. *Saône (Haute)*.— Séries A et B. 1 volume. 1865, par M. Besson.
        — B. 1 volume. 1874,   —
        — B. 1 volume. 1884, par M. Finot.
475. *Saône-et-Loire*. — Séries A et B. 1 volume. 1878, par M. Michon.
        — D et E. 1 volume. 1877,   —
476. *Sarthe*. — Séries A à E supplément. 1 volume. 1870, par MM. Bellée et Moulard.
        — G. 1 volume. 1876, par M. Bellée.
        — H. 1 volume. 1881, par MM. Bellée et Duchemin.
        — H. 1 volume. 1883, par M. Duchemin.
477. *Savoie*. — Série C. 1 volume. 1887, par M. Alexis de Jussieu.
478. *Seine-Inférieure*. — Séries C et D. 1 volume. 1864, par M. Ch. de Robillard de Beaurepaire.
        — G. 4 volumes. 1868, 1874, 1881 et 1887, par M. Ch. de Robillard de Beaurepaire.
479. *Seine-et-Marne*. — Séries A à E supplément. 1 volume. 1863,
        — G à H supplément. 1 volume. 1864,
        — A à E complément. 1 volume. 1875,   } par M. Lemaire.
        — E à I. complément. 1 volume. 1880,
        Documents divers. 1 volume. 1883,
480. *Seine-et-Oise*. — Série A. 1 volume, par M. Sainte-Marie-Mévil.
        — E. 1 volume. 1873, par MM. Sainte-Marie-Mévil et G. Desjardins.
        — E. 1 volume. 1880, par MM. G. Desjardins et Bertrandy-Lacabane.
        — E. 2 volumes. 1884 et 1887, par M. Bertrandy-Lacabane.
481. *Somme*. — Séries A et B. 1 volume. 1883, par MM. Boca et Rendu.
482. *Tarn*. — Séries A à C. 1 volume. 1873, par M. Jolibois.
        — C à E. 1 volume. 1878,   —
483. *Var*. Série E, supplément. 1 volume. 1882, par MM. Ricaud et Mireur.
484. *Vaucluse*. — Série B. 1 volume. 1878, par MM. Achard et Duhamel.
        — B. 1 volume. 1884, par M. Duhamel.
485. *Vienne*. — Série G. 1 volume. 1883, par MM. L. Rédet et A. Richard.
486. *Vienne (Haute)*. — Série D. 1 volume. 1882,
        — H supplément. 1 volume. 1887, } par M. Leroux.
487. *Vosges*. — Série G. 1 volume. 1887, par MM. de Chanteau, Guilmoto et Chevreux.
        — E. supplément. 1 volume. 1867, par M. Duhamel.
488. *Yonne*. — Séries A à F. 1 volume. 1868,
        — G. 1 volume. 1873,   } par M. Quantin.
        — H (art. 1 à 1397). 1 volume. 1882,

INVENTAIRES SOMMAIRES DES ARCHIVES COMMUNALES

489. *Albi.* — 1 volume. 1869, par M. Jolibois.
490. *Armentières (Nord).* — 1 volume. 1877.
491. *Bar-sur-Seine.* — 1 volume. 1864, par M. d'Arbois de Jubainville.
492. *Beauvais.* — 1 volume. 1887, par M. R. Rose.
493. *Bergues (Nord).* — 1 volume. 1878.
494. *Béthune.* — 1 volume. 1878, par M. Travers.
495. *Bouchain (Nord).* — 1 volume 1882.
496. *Boulogne-sur-Mer.* — 1 volume. 1884, par M. l'abbé Haigneré et M. Deseille.
497. *Bourbourg (Nord).* — 1 volume. 1877.
498. *Bourg.* — 1 volume. 1872, par M. Brossard.
499. *Câteau-Cambrésis (Nord).* — 1 volume. 1887.
500. *Charmes (Vosges).* — 1 volume. 1868, par M. Duhamel.
501. *Comines (Nord).* — 1 volume. 1883.
502. *Crécy-en-Ponthieu (Somme).* — 1 volume. 1888, par M. Durand.
503. *Dijon.* — 1 volume. 1867, par M. de Gouvenain.
504. *Gaillac.* — 1 volume. 1873, par M. Jolibois.
505. *Grasse.* — 1 volume. 1865, par M. Sardou.
506. *Hazebrouck.* — 1 volume. 1886.
507. *Hondschoote (Nord).* — 1 volume. 1876.
508. *La Bassée (Nord).* — 1 volume. 1880.
509. *La Gorgue (Nord).* — 1 volume. 1885.
510. *Laon.* — 1 volume. 1885, par MM. Matton et Dessein.
511. *Linselles (Nord).* — 1 volume. 1881, par M. Leuridan.
512. *Lyon.* — 2 volumes. 1865 et 1875, par M. Rolle. 1 volume 1887, par MM. C. Guigue, Vaësen et Georges Guigue.
513. *Mâcon.* — 1 volume. 1865, par M. Michon.
514. *Mende.* — 1 volume. 1885, par M. Ferd. André.
515. *Moulins.* — 1 volume. 1882, par MM. Conny et Chazaud.
516. *Nevers.* — 1 volume. 1876, par M. l'abbé Boutillier.
517. *Nîmes.* — 2 volumes. 1880, par M. Bessot de Lamothe.
518. *Obernai (Bas-Rhin).* — 1 volume. 1869, par l'abbé Gyss.
519. *Ouveilhan (Aude).* — 1 volume. 1863, par M. Mouynès.
520. *Rambervillers (Vosges).* — 1 volume. 1869, par M. Henriot.
521. *Rochefort.* — 1 volume. 1878, par M. Meschinet de Richemond.
522. *Romorantin.* 1 volume. 1885, par M. Fernand Bournon.
523. *Roubaix (Nord).* — 1 volume. 1866, par M. Leuridan.
524. *Saint-Maixent (Deux-Sèvres).* — 1 volume. 1863, par M. A. Richard.
525. *Sens.* — 1 volume. 1870, par M. Quantin.
526. *Uzès.* — 1 volume. 1868, par M. Bessot de Lamothe.
527. *Verdun-sur-Garonne (Tarn-et-Garonne).* — 1 volume. 1875, par M. Devals.
528. *Villefranche (Rhône).* — 1 volume. 1865, par M. Rolle.
529. *Wattignies (Nord).* — 1 volume. 1887, par M. Th. Leuridan fils.

INVENTAIRES SOMMAIRES DES ARCHIVES HOSPITALIÈRES

530. *Clermont-Ferrand.* — 1 volume. 1887, par M. Guilmoto.
531. *Comines (Nord).* — 1 volume. 1884.
532. *Lille.* — 1 volume. 1871.
533. *Limoges.* — Série A à D. 1 volume. 1884, par M. Leroux.
534. *Nevers.* — 1 volume. 1877, par M. l'abbé Boutillier.
535. *Paris.* — *(Les Quinze-Vingts).* 1 volume. 1867.
    (Administration de l'Assistance publique). 4 volumes. 1882, 1884, 1886
    et 1888.
536. *Soissons.* — 1 volume. 1874, par M. Matton.
537. *Tournus (Saône-et-Loire).* — 1 volume. 1887, par M. Bénet.
538. *Villefranche (Rhône).* — 1 volume. 1865, par M. Rolle.

BEAUVAIS — IMPRIMERIE A. SCHMUTZ, 27, RUE SAINT-PANTALÉON

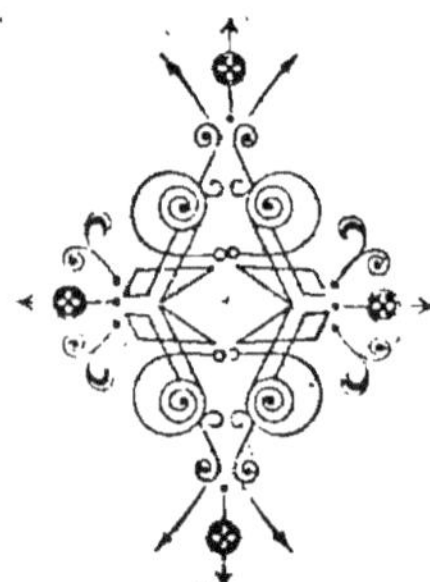